NA DE PAUZE

NA DE PAUZE

HERMAN FINKERS

2009
Uitgeverij Thomas Rap
Amsterdam

Toelichting

Cabaretier-in-ruste noemde men mij. Deze term dook zelfs zo veelvuldig en hardnekkig op in de diverse media dat ik heb overwogen een steen bij het begin van onze oprit te plaatsen met het opschrift: 'Hier rust Herman Finkers'.
Ook in de nogal Viagra-achtige bewoording 'hij doet niks meer' werd over mij gesproken. Maar 'hij doet niks meer' betekent zelden dat 'hij ook echt helemaal niks meer doet'. Uiteindelijk is een Viagra-pil niet bedoeld voor het niet kunnen plassen. 'Hij' doet één ding niet meer: hij treedt niet meer op.

De dingen 'die ik wel deed' of die aan mij voorbijkwamen, heb ik in de voorstelling *Na de pauze* als kapstok gebruikt om de thema's liefde, ziekte, vriendschap en dood te behandelen.
De liefde is daarbij zonder meer het uitvoerigst aan bod gekomen. Liefde voor de dood, maar vooral voor de vrouw in het algemeen en die van mij in het bijzonder. Zo nam alleen het onderwerp 'vrouw' al een halfuur van het programma in beslag. Dit terwijl 'ziekte' genoegen moest nemen met aanzienlijk minder tijd.
Tot mijn verbazing hoorde ik vaak dat men vond dat ziekte hét thema van zelfs de gehele voorstelling was. Bij wat navraag bleek dat men dat onderdeel als zeer intens ervoer. Zelfs zó intens dat al het andere in het licht van

dat thema kwam te staan. Dit verbaasde mij, omdat het onderwerp zowel luchtig als respectvol werd behandeld. Omdat het mij op den duur niet alleen verbaasde, maar ook stoorde, heb ik tijdens de try-out-periode het betreffende onderdeel in lengte teruggebracht. Dit is de balans in de voorstelling ten goede gekomen.

De reacties op het onderdeel vrouw maakten een grappige spagaat. Terwijl het lachen in de zaal altijd bijzonder eensgezind was, hoorde ik na afloop toch geregeld erg uiteenlopende meningen. Zo werd mij net zo vaak verteld dat de conference (met de twee daarbijhorende liedjes) vrouwonvriendelijk was, met zelfs vieze grappen, als dat ik mocht vernemen dat men zelden zó'n ontroerende liefdesverklaring aan de vrouw had gehoord. Ik hoef u niet uit te leggen in welke reactie ik mijn voorstelling herkende. Het geeft wel aan hoe juist het motto van *Na de pauze* blijkt te zijn:

Het oog ziet niet wat op het netvlies valt.
Het oor hoort niet wat het trommelvlies doet trillen.
Het ziet en het hoort wat in het hart ligt.

Beuningen Ov. 2009
Herman Finkers

Uit het programmaboekje
    Woord vooraf   12
    De Herman-Finkers-Fuchsia   15
    Anders   21
    Das war keinmal   27
    Moeder en Zoon en Vader   32
    De hemel   37
    Als niets meer zijn zal…   39

De theatertekst
    Psalm 131   60
    Kennismaking   61
    Gedachtenkwel   64
    Nacht in een stoel   66
    Lichamelijke klachten   67
    De Herman-Finkers-Fuchsia   70
    Ik ben een levende legende   71
    Slecht-nieuws-gesprek   73
    Arme lieve depressieve vrouw   80
    Een nieuwe periode   82
    Waarom het leed goede mensen treft   84
    De Tijdgeest:
        Amerikaanse talkshow   88
        TMF   89
        NEE   90
    Men fietst niet meer   92
    De vrouw   94
    Pater Pio   102

Worteltjestaart	104
Liever dan geluk	106
Na de pauze – na de pauze	109
Almelo	111
Buren uit de Randstad	112
East is east	114
Carnaval in Twente	115
Lieve boekjes	120
Zere vinger	123
Zere handjes	125
Vrienden van de schouwburg	127
Een vriend I	129
Een vriend II	130
Typetje	133
Versjes:	
Normen en waarden	135
Late roeping	136
Oom Kees	137
Proat op de boer	138
In Paradisum	139
Goocheltaal	140
Mijn laatste eer	148
Lieve dode dichter	150
Monogaam en polygaam	152
Mijn promiscuïteit	158
Nader tot Haar	159
Slotmonoloog	161
Daarboven in de hemel	166

UIT HET PROGRAMMABOEKJE

Heel vroeger heb ik ook al eens in het theater gestaan.
Kan zijn dat uw ouders zich dat nog wel weten te herinneren.

Woord vooraf

De pauze heeft wat langer geduurd dan in de theaterwereld te doen gebruikelijk is, maar na zeven jaren mag ik u dan toch van harte welkom heten bij het tweede deel. *Na de pauze* kent zelf ook weer twee gedeeltes, zodat u vanavond wederom een pauze tegemoet kunt zien. Deze zal, als alles op rolletjes loopt, aanmerkelijk korter zijn dan de vorige en is ook enigszins anders van karakter. Houdt u hier wel rekening mee! Het haastig nuttigen van een kleine consumptie behoort tot de mogelijkheden, maar het verwekken en krijgen van een of meerdere kinderen, het sluiten en weer ontbinden van huwelijken, overlijden, het volgen en succesvol afsluiten van een studie tandheelkunde, het ingaan van een langdurig revalidatieproces, verhuizen en/of het binnenvallen van oliehoudende staten behoort niet meer tot de mogelijkheden. Ik zeg het er maar even bij, want in deze tijd van toenemende verweking neemt gewoonte de plaats in van nuchter verstand en ziet men al snel 'dat wat ik gewend ben' aan voor 'iets waar ik recht op heb'. Ik moet hier helaas streng in zijn, want de druk op de kassa is groot. Sterker nog, de kaartverkoop was een gekkenhuis. Dit was zeven jaar geleden ook al zo, dus m'n carrière vertoont nog niet echt een ontwikkeling. Of *Na de pauze* in een ander opzicht nog ontwikkeling laat zien, is iets wat ik hoop, maar dat vanzelfsprekend geheel ter beoordeling is aan u.

Bij diverse theaters zijn telefoontjes binnengekomen van mensen die vroegen wie er eigenlijk vóór de pauze optreedt. In het belang van alle betrokken partijen is deze mensen aangeraden uit te zien naar een voorstelling uit een ander genre.
Op www.musicals.nl is een ruim palet aan mogelijkheden voorhanden.

'Herman Finkers'

Je bent pas werkelijk en wereldwijd beroemd,
Als men een fuchsia naar jou vernoemt.

DE HERMAN-FINKERS-FUCHSIA

'O nee, dat doet hij niet. Nee, dat weet ik wel zeker. Nee, echt niet. Het is heel lief dat u het aanbiedt en ook een grote eer, maar hij krijgt zoveel verzoeken, ik weet heel zeker dat hij dit niet doet. Dus helaas.' En ik hoorde mijn vrouw de voordeur weer dichtdoen.
'Wie was dat?' vroeg ik.
'O, twee heren die iets wilden, maar ik heb al gezegd dat je het niet doet.'
'Wat wilden ze dan?'
'Er is een nieuwe fuchsia gekweekt en die wilden ze naar jou vernoemen.'
'WAT!?!' Ik sprong op en herhaalde: 'WAT!?! Een Herman-Finkers-Fuchsia?' Ik was net aan het someren over de zin van het bestaan en kwam er weer eens niet uit, maar nu verscheen zomaar opeens een heleboel licht in het leven. Een licht dat beelden tevoorschijn toverde van een wereld die mooi was en klopte. De wereld van een terras vol blije rustige mensen met nieuw gewassen kleertjes aan; van blaasmuzikanten die glunderend in hun eerste welverdiende pilsje hapten; en van een lief applausje op een fuchsiatentoonstelling voor een mooie toespraak

over de op punt van onthulling staande Herman-Finkers-Fuchsia. Anders gezegd: ik vond dat nog niet zo verkeerd, een fuchsia. Bovendien, kinderen heb ik niet en zo kan ik me dan toch een beetje voortplanten. Maar dit terzijde dus. 'Ik geloof dat ik het verkeerd heb ingeschat,' zei m'n vrouw. 'Geeft niet,' zei ik en ik vloog naar buiten om de Goddelijke Boodschappers achterna te gaan. Ze waren al weg, maar binnen een dag lukte het ze te achterhalen en aan de telefoon te krijgen. Mijn nazaat was gelukkig nog niet vernoemd naar een verkeerd persoon, en een droom, waarvan het zelfs niet in me opgekomen was dat je hem zou kunnen of durven dromen, mocht werkelijkheid worden. Ik legde de hoorn weer op de haak, of hoe dat inmiddels in dit gsm-tijdperk is gaan heten, en in mij borrelde een mooi couplet voor een liedje op.

Als de tijd verstrijkt, het leven uit me wijkt,
en Petrus aan me vraagt wat ik op aarde heb bereikt,
dan is het eerste dat door mij wordt opgenoemd:
er is een fuchsia naar mij vernoemd.

Er is niks mis met een mooie fuchsia zeg ik altijd en ik dank zelfs een bijzonder mooie ervaring aan deze sympathieke plant. Ik had ooit de eer samen met Willeke Alberti, onder begeleiding van het Metropole-orkest, 'Wil u een stekkie van de fuchsia' te zingen voor een speciale cd-productie rond Annie M.G. Schmidt. Ik stond alleen met Willeke in een aparte inzing-cel. Ik liet dat moment en die situatie heel diep in me doordringen. Willeke, waar ik als kleine jongen op zaterdagavond voor mocht opblijven om in pyjama naar te kijken – 'Dag mevrouw, dag meneer, ja hier zijn we dan weer' – stond met mij alleen in een inzing-cel. En daar kwam bij: Willeke was ook nog eens heel aardig voor mij. Hoe ze dat deed weet ik niet, maar het was net of het helemaal niet waar was dat er van alles aan mij mis was. En of dat nog niet genoeg was, stelde ze ook nog voor om het 'fuch' van het zinnetje 'fuch-fuch-fuchsia' om en om te zingen. Dus Willeke zou 'fuch' zingen en dan zong ik 'fuch' en dan Willeke weer, zo was dat de bedoeling. En zo ook geschiedde. En toen ze er ook nog eens heel warm en geruststellend bij keek, zoals Willeke dat kan... Ja, toen heb ik wel heel sterk vermoed wat mensen bedoelen als ze zeggen dat ze gelukkig zijn.

In nieuw gewassen kleertjes en met m'n gitaar aan de ene en m'n vrouw onder de andere arm betrad ik het terrein van de fuchsiatentoonstelling. Het was het weer dat goed past bij een eerste-communiefeest. De tentoonstellingsleiding, die haar zware verantwoordelijkheden vakkundig en luchtig verborg, stelde me voor aan de bloemenkweker die mij had gekweekt. Hij bleek een bijzonder aardige, warme Limburger te zijn. 'Ben ik mooi geworden?' vroeg ik. Mijn fuchsiavader maakte een bepaald soort gebaar en zei: 'Ach, oordeelt u straks zelf maar.' Ik was te opgewonden om niet door te vragen en na mijn zoveelste aandringen, verzuchtte hij: 'Ach, meneer, het is een héél moeilijk fuchsiajaar geweest.' De tentoonstellingsleiding en een aantal fuchsiakwekers die uit Limburg meegekomen waren, knikten alarmerend enthousiast van ja. Een moeilijk fuchsiajaar, dat was het! De onthulling van de Herman Finkers werd in de toespraak van de voorzitter van de fuchsiavereniging consequent en zonder ironie 'de onthuldiging' genoemd. Een nog niet zo'n verkeerde verspreking, zo bleek even later. Terwijl het publiek klaarstond voor een klaterend applausje en bijpassende kreten van bewondering, trok ik het doek weg van de boerenkar waarop de nieuwe fuchsia stond opgesteld. Het applausje kwam, maar een stuk voorzichtiger dan het plan was. De lichte luchtdruk die door het weghalen van het doek werd veroorzaakt, maakte dat de eerste blaadjes en bloemetjes al naar beneden kwamen gedwarreld en men was kennelijk bang dat de niet al te talrijk overgebleven blaadjes en bloemetjes een vol applaus niet aan zouden kunnen. De kreten van bewondering werden geluiden die men maakt bij het zien van een jong vogeltje dat uit het nest is gevallen. De Herman-Finkers-Fuchsia bleek erg grote bladeren te hebben en heel kleine bloempjes. 'Hij doet me denken aan een klein geschapen man met een zakbreuk,' zei mijn vrouw, die in de verpleging heeft gezeten. Wie in de verpleging heeft gezeten, raakt bepaalde oorlogsbeelden nooit meer kwijt, dat weet ik, maar toch kwetste haar opmerking mij. Zij merkte dat en haastte zich om de mooie kant van mijn naamgenoot te benadrukken: 'Door dat kleine bloempje en dat grote blad lijkt hij niks bijzonders, maar als je dieper kijkt zie je dat hij heel tere en verfijnde kleuren heeft.' En dat was ook zo! Zijn weinig imponerend voorkomen was bescheidenheid. Ik zag het opeens. 'Let maar op,' fluisterde ik terug, 'dat wordt later een heel grote.' 'Vast,' zei ze, en streek bemoedigend over m'n rug.

In de weken na de onthuldiging bleek de kleine Herman een lastig kind te zijn bij wie je het gauw verkeerd deed. We gaven hem alle aandacht van de wereld, maar de ruimtes tussen te veel zon en te weinig zon, te veel water en te weinig water, te warm en te koud, bleken nog kleiner te zijn dan de bloempjes. Het duurde dan ook maar even of alle blaadjes en bloemetjes lagen op de grond. Van de plant zelf was niet meer overgebleven dan drie kale stengeltjes. Kortom, hij was dood. Dat er een levend wezen naar je is vernoemd, heeft een keerzijde: als de Fuchsia Cordifolia doodgaat dan is dat niet meer dan dat. Maar als de Herman Finkers overlijdt dan beland je toch in een soort van rouwperiode. Hij moest eigenlijk in de groene bak, maar dat konden we niet over ons hart verkrijgen. Een dierbare overledene die in een potje is gestopt, zet je normaal gesproken weg op een rustige plek in de kamer. Daarom hebben wij de pot met de drie stengelresten maar bovenop de kast gezet. Een moeilijk fuchsiajaar, dat was het...

Weken later kwam m'n vrouw hoogopgewonden de kamer uit gelopen. 'Je doet het weer,' hijgde ze.
'Hoe bedoel je, je doet het weer?'
'Je doet het weer, kijk!' Ze pakte een stoel en liet me de fuchsia zien. Het wonder was groot. Ik had overal aan m'n dode stengels frisse groene blaadjes gekregen en ook waren er al een paar bloemknoppen te zien. Binnen de kortste keren zat de plant vol bladeren (van die mooie grote) en bloemen (van die hele mooie kleine, met tere verfijnde kleurtjes). 'Weet je wat het is,' zei mijn vrouw, 'hij is niet moeilijk. Hij is alleen wat gevoelig en je moet hem zijn gang laten gaan, dat is alles.' 'Zo is dat,' zei ik. En zo was dat precies. Het was een gevoelig fuchsiajaar. Zo eentje dat zijn eigen gang ging.

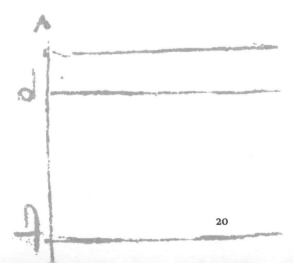

Bestaat er groter armoe, bestaat er groter pijn,
dan een verfijnde nicht in Almelo te zijn?

Anders

Zoals dat verplicht is bij kunstenmakers heb ik me mijn hele leven al ánders gevoeld. Zo ben ik geboren als jongen, maar ik hield niet van brommers, niet van voetbal en niet van meisjes aan hun haren trekken. Normaal gesproken blijk je dan homo te zijn, maar zelfs daarin was ik anders. Ik hád wel graag een nicht willen zijn. Dan had ik tenminste nog érgens bij gehoord.
Het onderdeel dat in mijn jongenstijd het verst van me af stond was voetbal. Maar gelukkig werd het me daarin niet moeilijk gemaakt. Ik ben een jaar of zeven en mijn vader neemt mij voor het eerst mee naar Herácles.
Een gebeurtenis waar hij zich haast nog meer op heeft verheugd dan ik op mijn eerste communie. Ik stel mijn vader diep teleur. 'Hoo hef Herácles 't maakt?' is het eerste dat mijn moeder altijd zegt als mijn vader terugkomt van het Herácles-terrein. Dit keer vraagt ze: 'Hoo hef Herman 't vund'n?' 'Ik geleuf nich da'k um nog 'n moal weer met nem,' zegt mijn vader zachtjes en hij kruipt gedesillusioneerd bij de radio om troost te zoeken bij de voetbaluitslagen.
Ik heb de hele wedstrijd achterstevoren op de tribune

gezeten. Het gebeuren op het veld vond ik erg druk en schreeuwerig, terwijl ik achter de tribune een ander weiland zag, met herkauwende koeien. Dat trok me meer; het was daar achter die tribune een mooi en vooral rustig tafereel.

Gelukkig doet mijn vader geen verdere pogingen een voetballiefhebber van mij te maken. Ook op de twee jongensscholen die ik doorloop, ondervind ik geen pressie om voetbal leuk te vinden. Goddank. Op zich wel een wonderlijk geluk, want bijna al mijn klasgenoten zitten op voetbal. Niet bij Herácles maar bij de Rietvogels of bij PH. (PH staat voor Prins Hendrik, maar iedereen bij de Rietvogels zegt dat het voor 'pootje-hakers' staat.) Vriendjes nemen me, in navolging van mijn vader, precies één keer mee naar hun wonderlijke vrijetijdsbesteding. In de kleedkamer zie ik een grote lummel van een trainer met enorme stemverheffing tegen kleine jongens tekeergaan. 'Oppeppen' heet dat ook nog. Tot mijn verbazing zijn het juist de grootste belhamels en ondeugden die zich het makst laten uitfoeteren. Een verschijnsel dat ik later ook in militaire dienst tegen zal komen, waar ik ook al snel te horen krijg dat het misschien toch maar beter is dat ik thuisblijf. Als ze klaar zijn met het zich laten uitschelden, lopen de pupillen bibberend het veld op. Het is winderig en koud en niet overdekt terwijl het toch duidelijk regent. Schreeuwende, opgewonden vaders langs de lijn maken het raadsel compleet.

In de kerk is het mooi en vooral rustig. Ik ben al misdienaar, maar daarnaast zit ik ook wel eens een uurtje in de kerk als het koor repeteert. Zo'n kerk is overdekt, lekker warm zelfs, het ruikt er naar wierook, er valt veel te zien, vooral veel dat de fantasie prikkelt, je hoort heel oude muziek die je nergens anders hoort en als het koor repeteert, is kapelaan Ter Pelle aan het brevieren. In een lange zwarte rok met veel knopen loopt hij al lezend rustig te wandelen door de koepelvormige Egbertuskerk met een bijzondere afbeelding van de Opstanding Der Doden op het plafond. Op een keer komt de kapelaan bezorgd naar me toe en vraagt of alles wel goed met me is. 'Voor een jongen van jouw leeftijd is het na schooltijd toch veel leuker op het voetbalveld?' Voortaan ga ik in de kerk zitten als het koor geen repetitie heeft.

Op de HBS kan in het gymnastiekuur helaas af en toe worden gevoetbald. Maar gelukkig alleen bij droog weer en in Almelo regent het natuurlijk veel vaker dan in de rest van Nederland. Omdat ik volstrekt geen balbeheersing heb, word ik die ene keer opgesteld als 'back' om zodoende nog enig nuttig werk te verrichten als toevallig aanwezig obstakel. Het valt me al snel op dat ik iemand die met balbezit op mij afkomt geen plezier doe wanneer ik, zoals mij is opgedragen door de gymleraar, de bal bij hem wegtrap. Hij roept dan 'verdomme' en 'kut', spuugt op de grond en probeert op mijn hakken te staan als de scheidsrechter niet kijkt. Het heeft te maken met het feit dat hij zijn vast voorgenomen plan om de bal in ons doel te plaatsen gedwarsboomd ziet. Daarom reageert hij zo teleurgesteld. Mensen plezieren mag ik wél graag doen dus al gauw besluit ik om, als iemand met de bal op mij afkomt, een stapje opzij te doen zodat de persoon er wat makkelijker langs kan. Dit levert weer kwade reacties van mijn medespelers op, terwijl er bij de tegenpartij geen bedankje af kan. Integendeel, men vindt mijn gebaar slap en spelbedervend. Bij voetbal heeft men het niet zo op aardig zijn.

Hoe anders is dat bij Edelzang, de kanarievereniging waarvan ik lid ben. Bij Edelzang word ik bijzonder aardig behandeld. En nog eens extra aardig omdat ik het enige jeugdlid ben. De vergaderingen bezoek ik trouw en na afloop van zo'n vergadering ruik ik heerlijk naar bolknakken. De kanariewereld is niet alleen rustig, maar ook mooi. Als de één een betere vogel heeft dan de ander dan is dat geen reden tot getier en natrappen, maar tot het uiten van bewonderende woorden en tot feliciteren. En wanneer ik bij een, meestal bejaard, medelid in het kanariehok sta, krijg ik wel eens een bijzonder 'popje' (dat is een vrouwtje) mee: 'Als je daar nou die goud-agaat man van jou opzet, dan krijg je een mooi nest. Neem maar mee, maar als mijn vrouw ernaar vraagt dan moet je zeggen dat je er een tientje voor hebt betaald.' Dat maak je niet mee bij een voetbalvereniging.
In een opwelling van er toch een beetje bij willen horen,

zit ik naast de kanarievereniging heel even per ongeluk op basketbal. Een enorme vergissing. Het gaat weliswaar overdekt, maar je hebt daar nog veel meer last van de drukte en het lawaai, omdat je bovenop elkaar staat. En als je toevallig de bal vast hebt, komen er gelijk twee, drie lange lummels hun dampende zweetoksels in je gezicht duwen. Nee, dan hebben de leden van de kanarievereniging het beter bekeken. Zo is de een, naast Edelzang, ook nog lid van een cactusvereniging, een ander van een aquariumvereniging en een derde heeft kleindochters bij de majorettes. Basketbal heb ik snel opgezegd, en zowel de cactusvereniging, de aquariumvereniging als de majorettes lijken me erg boeiend, maar je kunt nu eenmaal niet alles in dit leven, hoe mooi het ook is. Het wordt dan veel te onrustig.

Laten wij bidden voor hen die het moeilijk hebben.
Maar vooral voor hen die moeilijk dóen.
Pastor Jan Kortstee

 OM UIT TE KNIPPEN EN OP TE STUREN NAAR UW THEATER.

Geacht theater,

Al enige tijd sta ik bij u te boek als 'vriend van ...' en geniet als vriend enige privileges ten opzichte van niet-vrienden. Regelmatig maak ik als vriend een bepaald bedrag over aan uw theater.
Mijn vraag is wat er gebeurt als ik niet meer betaal. Ben ik dan niet langer een vriend? Met andere woorden, heb ik mijn vriendschap gekocht?
Indien mijn vriend-zijn inderdaad samenhangt met mijn regelmatige geldstorting, dan verzoek ik u om mij niet langer vriend te noemen, maar donateur. Indien dat niet mogelijk is, zie ik af van verdere geldstortingen en de daaruit voortvloeiende privileges. Het begrip 'vriend' is in deze verweekte tijden al genoeg gedegenereerd.
Hopelijk heeft u begrip voor mijn vraag en bijbehorend standpunt.

Hoogachtend, ...

Donateur(!)

Een vijand is tot daar aan toe.
Maar een vriend, je wenst het je ergste vijand nog niet toe.

Avond aan avond zat ik eenzaam op m'n studentenkamer,
met een diep, diep verlangen mijn vriendin te troosten.
Maar ik had geen vriendin
en bovendien was die niet verdrietig.

DAS WAR KEINMAL

In 1972 kwam ik naar Groningen om iets zinloos te studeren. Ik kwam terecht op studentenflat Selwerd-II, zevende verdieping. Vanaf de Grote Markt drie kwartier de lucht van rottend afval en verwaarloosde kattenbakken volgen en je bent er. Een opbergbunker voor wanhopige en eenzame studiehoofden. In het studerend Groningen van 1972, en dus ook bij mij, was Herman van Veen de absolute held. Onze afdeling hing dan ook vol met posters van Herman en zijn 'Contraband'. Deze posters, de lp's en verder al het andere rond Herman, hadden op ons in de bunker niet alleen een artistieke, maar ook een hoogst erotische uitstraling. Bij het mystieke af zelfs. Dat kwam omdat de meisjes 'in stad' niets met ons deelden, en al helemaal niet onze afdeling, laat staan onze bedden, behalve onze adoratie voor Herman van Veen. De weg tot de meisjes, zo leek het, liep via de enige geestelijke verbinding: Herman van Veen.
En op een avond zat ik in de Stadsschouwburg met maar liefst DRIE (!) meisjes te kijken naar onze god. Het was

niet door eigen toedoen dat ik me in zulk onwaarschijnlijk gezelschap bevond. De meisjes en ik waren domweg in een of ander eerstejaars-introductieclubje bij elkaar geloot en vandaar. Na afloop van de weergaloze voorstelling, met een welhaast liturgische impact, wilden de meisjes bij de artiestenuitgang wachten op Herman en hem om een handtekening vragen. Vanzelfsprekend ging ik mee, al was het me al wel opgevallen dat er een snijdende wind stond bij een temperatuur van zeker twaalf graden onder nul. De meisjes hielden de vrieskou aanmerkelijk beter vol dan ik, maar ik stond mezelf niet toe dat te laten merken. Toen na zo'n anderhalf uur ook de meisjes het punt van onderkoeling hadden bereikt, vroeg een van hen bij de kassa of Herman van Veen misschien al weg was. Dat bleek inderdaad het geval. Hij had nog even gezellig met het publiek nagepraat in het theatercafé en was daarna via de hoofdingang vertrokken. Voor het eerst die avond richtten de meisjes het woord tot mij: 'Nou, we gaan nog even wat drinken. Dag Herman.'

Even later lag ik mezelf op m'n kamer te ontdooien en ongelooflijk zielig te vinden. Voor enige vorm van zelfbevlekking was ik te zeer onderkoeld geraakt.

Vastbeslotener dan ooit de enige weg tot de meisjes te bewandelen, studeerde ik het hele repertoire van Herman van Veen in. Dit resulteerde voornamelijk in ochtenden waarop ik na afloop van een feestje of een weekend op Schiermonnikoog met mijn gitaar tussen de tweepersoonsslaapzakken zat. Vanuit die slaapzakken riepen de meisjes me dan om beurt een verzoeknummer toe. Ik ging van 'jouw buik is een buik om zacht over te praten' naar 'ik wil alles voor je zijn' en dat alles verhoogde duidelijk de geslachtsdrift in de slaapzakken. Deze werd dan weer gebotvierd op de mannelijke inhoud daarvan, die natuurlijk met zijn hand over zijn hart streek en het meisje groothartig ter wille was.

Jaren later stond ik voor de schouwburg van Almelo. Het was middag met aangenaam weer en ik had een afspraak met: Herman van Veen! Niet door loting, maar door eigen toedoen. Jawel! Naar allerlei platenmaatschappijen had ik cassettebandjes gestuurd met opnames van mijn eerste, zelfgeschreven liedjes. Harlekijn Holland niet meegerekend, kwam de meest enthousiaste reactie van een platenproducer die zei dat het allemaal FAN-TAS-TISCH was maar dat ik iemand anders mijn liedjes moest laten schrijven en, o ja, eigenlijk, min of meer, toch wel, was het ook beter als iemand anders dan die liedjes zong.
Harlekijn reageerde écht enthousiast en dat resulteerde in mijn eerste lp, 'Vinger in de bips'. Bij de opnames daarvan had ik een tijdlang bijna dagelijks contact met Adriaan Verstijnen en Erik van der Wurff, en die hadden al vrij snel een afspraak met Herman voor me geregeld in Almelo.

Op de stoep van schouwburg 'De Hagen' werd ik plotseling kruislam en kon geen stap meer verzetten. Er klopte iets niet! Herman van Veen, mijn mythische held, die zelfs onbereikbaar was voor drie goddelijke Groningse nimfen, die op hun beurt weer onbereikbaar waren voor mij, had een afspraak met Herman Finkers! En nog wel gewoon in Almelo! Het contrast was té groot en ik wist zeker dat als ik de schouwburg binnen zou gaan en zou vragen naar de maestro, dat er dan iets vreselijks zou gebeuren. De aarde zou overstelpt raken met rampen en Almelo zelf zou nog deze middag, met aangenaam weer en al, verdwijnen in een groot gat in de grond. Of nóg erger: Herman van Veen zou in de lach schieten en van geen afspraak weten. Het leek me daarom beter niet naar binnen te gaan. Pas veel later realiseerde ik me dat dit besluit, dat voortkwam uit een gigantische bewondering, in feite domweg onfatsoenlijk was.

Niet eerder dan een aantal jaren geleden ontmoette ik Herman weer en ik deed hem mijn verhaal en bood hem mijn excuses aan. Herman kon het zich nog herinneren. Voor die afspraak met mij had hij een hele middag uitgetrokken, maar omdat ik niet was komen opdagen zat hij met een aantal loze uren opgescheept. Hij vond het echter helemaal niet erg, want door het aangename weer was hij door Almelo gaan wandelen, had daar een mooie auto gezien en gekocht en daar nog jaren plezier van gehad.

'Later, als ik zó beroemd ben dat ik bij je aan durf bellen,' dichtte Willem Wilmink.

Nu ik zelf zó beroemd ben dat ik afspraken met Herman van Veen durf na te komen, zou ik ook wel durven aanbellen bij die meisjes uit vervlogen dagen. Maar ik weet niet meer waar ze wonen.

> *'De meisjes uit vervlogen dagen,*
> *we weten niet meer waar ze wonen.'*
> *Willem Wilmink*

Lieve dode dichter, in je kistje onder glas,
nu je uit je pijn bent, zie ik je pijnen pas.

MOEDER EN ZOON EN VADER

Willem Wilmink was een ongedoopte katholiek. Ik durf dit zo stellig te beweren omdat ik het uit zijn eigen mond heb gehoord.
In de tijd dat Willem bezig was met het vertalen van het Stabat Mater belde hij me op. Het was in de lijdenstijd en hij zei me dat hij dermate was gegrepen door de tekst van het Stabat Mater dat hij Goede Vrijdag niet zomaar voorbij kon laten gaan. 'Ik moet iets met die dag doen, maar om nou om drie uur 's middags ergens een kerk binnen te gaan, dat wil ik niet.' Hij had daarom een bijeenkomst georganiseerd bij Frank en Diet, een bevriend, musicerend echtpaar in Enschede. In hun studio zou Diet met een collega en een pianiste het Stabat Mater van Pergolesi zingen en Willem zou het geheel omlijsten en doorkruisen met delen van zijn vertaling en allerlei andere teksten over het Lijden van Maria.
Die middag werd de oprechtste lijdensmeditatie die ik ooit heb meegemaakt. Willem zat achter een tafeltje met zijn boeken en leesbril en vloog van Reve's 'Dagsluiting' naar Sint Brandaan en via de Javastraat en Carmiggelt terug naar Maria onder het kruis. Het was niet alleen allemaal even boeiend en inspirerend, het was ook een

verademing een kruisweg te horen die nu eens helemaal vrij was van de geroutineerde halfzachtheid die je tegenwoordig zo vaak in kerken aantreft. Tijdens de muziek van Pergolesi greep Willem mij niet minder aan, omdat hij in een poging zijn ontroering te onderdrukken verbeten op zijn bier zat te kauwen.

Na afloop, toen iedereen inmiddels alweer de draad van oppervlakkig converseren had opgepakt, zag ik Willem in een hoekje staan. Met een, Goede Vrijdag of niet, sigaret en een glas Duvel. Hij zag krijtwit, stampvoette en beet op zijn lip. Kortom, hij was 'niet goed te pas'. Ik vroeg hem wat er aan de hand was. 'Wat er aan de hand is...?!' Hij keek links en rechts om zich heen, bracht zijn hoofd dicht bij mijn oor en zei: 'Ik ben godverdomme gewoon katholiek!' Ik zei hem dat er ergere dingen waren, maar dat zag hij anders. 'Als mijn vader hier achterkomt...!'

Willems vader was als fervent socialist een hartgrondig tegenstander van alles wat met de kerk te maken had. Een anekdote die Willem vaak en graag vertelde gaat over die keer dat er in de Javastraat een deurcollecte werd gehouden. De opbrengst was bestemd voor de verbouwing van een kerk. Wilmink senior vroeg wat die verbouwing dan wel ging inhouden en hij kreeg te horen dat de kerk kleiner werd gemaakt. 'Dan geef ik wat,' moet hij gezegd hebben, 'want de kerken kunnen me niet klein genoeg worden!'

Het besef van zijn katholieke geaardheid moet voor Willem hebben gevoeld als hoogverraad jegens de man die zoveel voor hem betekend heeft. Vader Wilmink was een fijngevoelig man. Ondanks zijn grondige afkeer van kerk en geloof liet hij Wim, zoals Willem toen nog genoemd werd, overplaatsen van het gymnasium in Enschede naar het christelijk gymnasium in Almelo, omdat hij aanvoelde dat de meer persoonlijke sfeer daar beter zou passen bij zijn zoon. Ook kocht hij boeken met plaatjes van kathedralen toen hij ontdekte dat deze gebouwen een grote aantrekkingskracht op zijn zoon hadden. Hij hielp hem met het opstellen van een Franse brief aan de gemeente Reims om zo ansichtkaarten van de kathedraal te bemachtigen en nauwkeurig tekende Wim de voorgevels na. Zijn hele leven heeft Willem de gave behouden om uit zijn hoofd de gevels van de bekendste Europese kathedralen te tekenen. 'Noem eens een kathedraal,' kon hij plotseling in het café tegen iemand zeggen. En feilloos verscheen dan op een bierviltje Laon, Canterbury of Chartres. Willems vader ging in zijn begrip voor zijn zoon zelfs zover dat hij speciaal met hem naar Den Bosch reed om de Sint Jan te laten zien. En op vakantie in Frankrijk maakte hij een urenlange omweg om zijn zoon in de gelegenheid te stellen een favoriete kathedraal te bekijken. Uit principe ging hij zelf de verderfelijke gebouwen niet in. Hij nam plaats in een tegenoverliggend café en zei: 'Kom me hier over een uur of twee maar weer ophalen.'

Het lijkt me dat als een vader zoveel ruimte heeft om zijn zoon te laten zijn wie hij is, dat hij dan ook wel weet om te gaan met diens 'andersgeaard' zijn, maar ook hier dacht Willem anders over. Het had niets te maken met wel of geen ruimte krijgen, het was een kwestie van loyaliteit. Een loyaliteit die hem een spagaat opleverde van de socialistische Javastraat tot aan het katholieke Ootmarsum. Uiteindelijk is hij uit die spagaat gekomen, maar niet eerder dan kort voor zijn dood. Waarbij het een kathedraal is geweest die het begin van Willems einde heeft ingeluid.

Meteen nadat Wobke en Willem met Hetty en mij terug waren gekeerd van een kathedralentocht door Frankrijk, kreeg Willem een herseninfarct. Vanaf toen is het bergafwaarts met hem gegaan. Willem weet het zelf aan 'La Jolie' van Chartres. 'Ik deed 's ochtends het gordijn van mijn hotelkamer open en keek recht op de kathedraal. Ik denk dat dát me teveel is geworden. Wat denk je, zou dat kunnen?' Ik zei: 'Wie dan géén herseninfarct krijgt is geen mens.' 'Precies,' zei hij, 'dat bedoel ik.'

De laatste keer dat ik hem sprak was anderhalve week voor zijn dood en ik vroeg hem: 'Waarom word je niet katholiek?' Willem veerde op en herinnerde mij eraan dat ik hem dat al vaker had gevraagd. 'Maar ik heb nu het antwoord!' riep hij enthousiast. 'Het staat nota bene in mijn eigen werk. In mijn vertaling van de reis van Sint

Brandaan. En in de Bijbel staat het ook, in de tweede brief van Petrus: gedoopten worden hierboven strenger beoordeeld dan ongedoopten, want de laatsten weten niet beter. En daarom word ik niet katholiek.'
Een katholieker antwoord dan dit is niet mogelijk.
En ik hoop dat Willem, als het later mijn beurt is om hierboven aan te kloppen, voor die betreurenswaardige, gedoopte zondaar een goed woordje wil doen. Zijn vader zal daar ongetwijfeld alle begrip voor hebben.

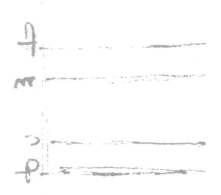

Lief briefje op het aanrecht

'Wil je vandaag uit jezelf het gras gaan maaien?'

Daarboven in de hemel zien wij elkander weer,
daar drinken wij een glaasje met Onze Lieve Heer.

De hemel

Een van de opmerkelijkste activiteiten die zich aandienden in mijn pauze was een verzoek van mijn familie om neef Hans te vergezellen op zijn audiëntie bij de paus. Doordat Hans is zoals hij is en ik er was om hém te begeleiden, kon ik de hele opera zien door zijn ogen. Het ritueel is een voorafbeelding van de hemel. De in het wit geklede paus verbeeldt het lam en de muziek en de pracht en praal staan voor de hemel zelf. In dit decor staan de gelovigen in vakken opgesteld gelijk op oude schilderijen als de Aanbidding van het Lam Gods van de gebroeders van Eyck. Het zegt: dit maar dan nog véél mooier staat ons te wachten. Het is een troost om de waan van de dag door te komen.

'Wat ben je nu eigenlijk?' vroeg ik Hans, 'een mongool of iemand met het syndroom van Down?' 'Nou,' zei hij, en hij ging er eens goed voor zitten, alsof hij blij was dat hem dat eindelijk gevraagd werd. 'Dat zal ik je vertellen Herman. Toen ik klein was was ik een mongooltje. Daarna werd ik een bewoner en nu ben ik een cliënt.' Treffender kan de waan van de dag niet beschreven worden.

Elk jaar komt Hans bij ons logeren. Toen ik hem op een van die logeerpartijen wakker wilde maken, bleek hij al wakker te zijn. 'Heb je nog gedroomd?' vroeg ik. 'Ja,' zei Hans. 'Ik kon niet slapen en toen heb ik maar gedroomd.' 'En wat heb je gedroomd?' 'Dat ik lekker lag te slapen.'
'I dreamt I was awake. And when I woke up, I found myself asleep,' zei Stan Laurel. Maar Hans doet hier niet voor Stan onder.

Enige tijd na de audiëntie werd Hans ziek. Zelfs na een derde operatie werd de ontsteking in zijn buik alleen maar erger. Toen we hem opzochten in het ziekenhuis in Roermond bleek hij niet in bed maar met infusen aan allerlei apparaten gekoppeld op twee stoelen te liggen. Hij wilde niet in bed, want als je overdag in bed ligt dan ben je ziek. Hans wist ook niet meer zo goed waar hij was. We zeiden hem dat hij in het Laurentiusziekenhuis was. 'Wat is dat, Laurentius?' 'Laurentius is een heilige.' 'Ik ben ook heilig,' zei hij. 'Je bent ook heilig Hans, maar heilig of niet, je moet wel eerst beter worden.' Hans haalde z'n schouders op: 'Weet niet of ik wel beter word. Misschien moet ik maar beter worden in de hemel.' Dat laatste bleek gelukkig niet nodig. De laatste operatie sloeg aan en 'hee löp der nog'.

UIT HET PROGRAMMABOEKJE

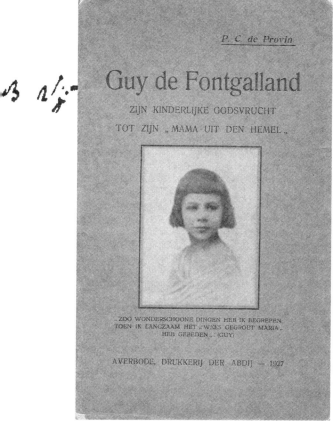

*"Denk niet té onaardig over de dood, hij is zo kwaad nog niet.
Hij is een gevoelig jongetje, dat houdt van dansen en van kunst."*

ALS NIETS MEER ZIJN ZAL...

Op de dag van zijn eerste Heilige Communie, in het Parijs van de jaren twintig, hoorde de kleine Guy de Fontgalland Jezus tot hem spreken en dit zeggen: 'Zie, ik maak je spoedig tot mijn engeltje, want hier op aarde zou je maar verwelken.' En het kwetsbare jongetje, met 'zijn kinderlijke Godsvrucht tot zijn 'Mama uit den hemel"', straalde van vreugde.

Niet alle van dit soort jongetjes valt een zo'n grote genade te beurt. Er zijn er die gedoemd zijn twee-en-tachtig te worden en te schrijven. Ik heb er een van gekend, hij heette Gerard. Ik heb hem voor het eerst ontmoet op zijn begrafenis. De handdruk was een gestileerde. Met zo'n dikke duizend anderen werd me in een Vlaamse kerk de gelegenheid geboden langs het priesterkoor te schuifelen en een hand op de eenvoudige, vurenhouten kist te leggen. Een kus had ook gemogen zag ik, toen een jonge jongen van een kwartier na mij bij de verse reliekschrijn neerknielde en het deksel kuste.

Het afscheid was niet minder aangrijpend. Een voor een kregen de treurenden van pastoor Desmaele de wijwaterkwast aangereikt om met onbekrompen maat het stoffelijk overschot te zegenen en de gebroken, achtergebleven levensgezel te condoleren.

De achternaam van Gerard had ik al veel eerder ontmoet. Naast mijn grootouders (in Almelo) woonden een ongetrouwde broer en zus: 'van 't Riw' en 'vrouw van 't Riw'. Althans, zo klonk het uit de mond van mijn familie. Bij het spelen op de stoep voor het huis van opa en oma keek ik eens op het naambordje van deze twee, naar oude sagen klinkende, bejaarde mensen en las: 'Van het Reve'. Toen ik mijn moeder vroeg hoe je 'van 't Riw' eigenlijk schrijft, zei ze: 'Gewoon, zoals je het uitspreekt: R - e - v - e.'
Van het Reve is een typisch Oost-Nederlandse naam en komt van Revenboer tot Revink in vele varianten voor. Hij is verwant met het werkwoord 'rijven' dat 'afrukken' betekent. 'Riw' is ook verwant met 'rif' en 'reef' waarmee men vroeger een akkerstrook aanduidde. Een 'rif', 'reef' of 'riw' is dus een strook land dat werd afgescheiden ('afgerukt') van een groter geheel en waar op eigen houtje verder werd geboerd.
Gerard moest schrijven en heeft geschreven. Alleen, op eigen kracht, afgescheiden van Godt, alles en iedereen. Met zijn taal trok hij de argeloze lezer het papier in en sloeg hem om de oren met het besef dat de mens geroepen is de liefde te leven maar gedoemd is daarin te mislukken. Met de muziek die hij bij dat eenzaam, maar moedig voorwaarts moeten wist te maken, heeft de

Schrijver een omvangrijke schare lezers op een onvertaalbaar grote hoogte weten te troosten en te sterken. Ikzelf ben daarop geen uitzondering en kan me dus opgenomen weten in een grote groep. En zo zie je maar weer hoe afhankelijk wij zijn van Godts genade: zelfs eenzaam zijn gaat niet perfect. Daarvoor moet je toch Godt-Zelf heten want daar is er maar één van en ook Die heeft het niet gemakkelijk want Hij bestaat uit drie personen. 'Altijd wat,' zei Gerard dan. Want hij was een groot mysticus. Maar daarover later meer, eerst moet ik nog kwijt hoe ik Gerards werk heb ontmoet.

Midden jaren zeventig woonde ik in Groningen ('Niet mijn, Uw wil geschiede') en zat op een avond met een aantal medestudenten naar de VPRO te kijken, die een verslag bracht van het zo geruchtmakende optreden van de katholieke Volksschrijver op een poëtisch festival in Vlaanderen. Hij bracht daar een zogenaamd racistisch gedicht. In de felle discussie die daarna werd getoond liet de zich toen al Reve noemende Gerard terloops de opmerking vallen dat 'Poëzie de enige werkelijkheid is, al de rest is flauwekul'. Deze schijnbaar achteloos geplaatste zin raakte bij mij een plek die nog niet eerder was geraakt, maar er wel al die tijd in een verborgen stilte om had geschreeuwd. Tot mijn stomme verbazing riep het bij mijn medestudenten een totaal tegenovergestelde reactie op. Men had al langer twijfels maar nu was het voor hen zonneklaar dat Reve kon worden afgeschreven. 'Vroeger schreef hij nog wel leuke dingen, maar nu is hij niet meer toerekeningsvatbaar. Wat een onzin, belachelijk etc. etc.'

De verrekijk werd uitgezet en vervangen door een plaat met Zuid-Amerikaanse verzetsliederen. Dát was nog eens mooi. Niet, zo was me allang duidelijk, omdat men de muziek fraai vond of omdat de teksten tot mooie poëzie waren gekneed, maar omdat de liederen aan de goede kant stonden in de wereldwijde klassenstrijd. Met mededogen met een lijdend volk had het niet veel te maken; het ging er meer om dat de boekhouding in het principiële hoofd op orde moest worden gebracht. Nee, die strijdliederen dat was heel wat anders dan dat onduidelijke, zweverige pianogetingel van Ravel, om maar wat moois te noemen. Diens pianomuziek had ik rond diezelfde tijd ontdekt en wist, net als de taal van Reve, een onbenoembare waarheid te verwoorden. Tenminste, dat leek me zonneklaar want je kon het horen, en enthousiast had ik een stukje van de uit de gemeentelijke bibliotheek geleende grammofoonplaat gedraaid voor mijn generatiegenoten. Ik had me weer eens flink vergist. Het was 'rare, functieloze muziek' waar een student van de jaren zeventig blijkbaar 'niets mee kon'. De haat tegen kunst... Je zult toch kunstenaar zijn en gedwongen worden 'functioneel' te zijn, zoals onder vele regiems het geval is. Als ik mag parafraseren: 'Overdag schrijft hij zijn marsen voor de staat. Des nachts, in het geheim,

speelt hij Ravel'. Vanaf die onbegrepen avond besloot ik
Reve te gaan lezen.

Bij dat lezen groeide bij mij al snel de stellige overtuiging
dat de uitgetreden communist in de eeuwen na ons niet
alleen te boek zal komen te staan als een niet te evenaren
schrijver maar ook als een groot mysticus. Hij hield er
zelf al rekening mee dat hij heilig zou worden verklaard
en was alvast begonnen met het opsparen van Schaamhaar en andere hebbedingetjes om in de toekomstige
behoefte aan relieken te kunnen voldoen. 'Hij hield er
een geheel eigen manier van geloven op na,' zo hoorde
je vaak. Maar dan zou een kwart van de wereldbevolking
er een geheel eigen manier van geloven op na houden;
onvermoeibaar en telkens maar weer riep de Schrijver
dat hij niets nieuws onder de zon verkondigde, maar
slechts doorgaf wat in de katholieke kerk al eeuwen
werd doorgegeven. Zelfs in zijn stijl leek hij op zijn 1600
jaar oudere medekatholiek Augustinus. In eveneens zeer
zorgvuldig geconstrueerde zinnen beschreef Augustinus
niet zozeer een gebeurtenis of een gesprek dan wel de
gedachtenontwikkeling die hij bij die gebeurtenis of dat
gesprek doormaakte. Hét thema in dat alles was ook bij
Augustinus de grote hunkering naar Godt en het zich
daarin volledig ontoereikend weten. 'Mijn verlangen dat
vecht naar U,' zoals Minne schreef in een gedicht dat
op het bidprentje van Gerard stond afgedrukt. En het:
'Gij die was en is en zijn zal, ik houd op met drinken, ik

zweer het voor Uw aangezicht. Maar wanneer precies, dat weet ik nog niet,' roept dezelfde katholieke gevoelens op als Augustinus' 'Heer, maak mij kuis, maar nu nog niet'. Een wijsheid van de oude kerkvader die ik voor het eerst hoorde tijdens de middagmaaltijd in de refter van een klooster in Vaals. Die maaltijd werd, zoals gebruikelijk, zwijgend genuttigd. 'In stilte' is niet het juiste woord, want daarvoor maakten het bestek en de malende kaken teveel kabaal. Bovendien was er een broeder die tijdens het eten op reciteertoon, recto tono voorlas uit een de-geest-voedend-geschrift – toevallig Augustinus – en dat reciteren gaf de Reviaanse zin avant la lettre een bijzonder komisch effect. Maar geen van de monniken grinnikte. De menselijke hunkering en de worsteling die uit deze gedachte spraken overheersten en werden mét de kapotgekookte groente en aardappelpuree genuttigd, opgerispt en herkauwd. Allemaal kwetsbare jongetjes.

Je hebt ook niet kwetsbare jongetjes. 'Ach, Reve was voornamelijk grappig,' zei een jongetje dat beweerde de ontdekking van de hemel te hebben beschreven maar ons slechts een zelf in elkaar gefiguurzaagd hiernamaals liet zien. Dat van dat figuurzagen is niet van mezelf, maar heb ik ergens gelezen. Ik weet niet meer van wie die uitspraak is, maar ik zal er niet van staan te kijken als Gerard de eigenaar is. Zeker was Reve grappiger dan wie ook. In een gesprek met Eelco Brinkman: 'Je heet toch Eelco? Mooie naam. Als ik geen Gerard zou heten zou ik Eelco willen heten.' 'Dank je Gerard.' 'Maar ook alleen dan!'

Maar vaak ook werd het diepste wezen van de Schrijver ontkend door maar alles af te doen als grappig. Zo heb ik op de verrekijk een Nederlandse actrice het gedicht 'Dagsluiting' snikkend van de lach horen voordragen. 'Het hangt bij ons op het prikbord in de slaapkamer en als mijn man en ik niet kunnen slapen dan lezen we elkaar dit gedicht voor en vallen we gierend van de lach in slaap.' Doorhalen dan wel weglachen wat niet gewenst wordt van je lievelingsschrijver. Maar Gerard was niet gelovig om des te grappiger te kunnen zijn, hij was grappig om zich des te geloviger te kunnen uitdrukken. Waar het protestantisme humor al gauw ziet als 'spotten met', als slechts een middel om afstand te creëren, gebruikt het rooms-katholicisme humor maar wat graag om dichter bij het Mysterie te komen. Als juist een middel tot intimiteit in plaats van afstand.

'Om Reve te kunnen begrijpen moet je wel een beetje katholiek zijn,' zei Pastoor Desmaele bij de laatste gang van de Dichter. Natuurlijk is het onzin te beweren dat iemand die katholiek is per definitie goed bij zijn hoofd is, integendeel zelfs. Iemand die katholiek is, is zeer hoogstwaarschijnlijk niet goed bij zijn hoofd. Laten we wel wezen. Maar iemand die niet-katholiek is, is in ieder gevál niet goed bij zijn hoofd. Het katholicisme geeft nog een klein sprankje hoop. Het enige en hoogst haalbare wat een mens in zijn leven mag verwachten.

Het Genie heeft nota bene een compleet boek moeten schrijven om uit te leggen hoe hij als intelligent mens kon toetreden tot de katholieke kerk. Het is toch wat. Terwijl een katholieke Van het Reve helemaal niet zo gek is als men wel denkt. De Van het Reves zijn een katholiek geslacht. De grootvader van de Volksschrijver heeft zich door de vernederende ervaringen in de Twentse textielindustrie afgerukt, 'gereefd', van de Moederkerk en is communist geworden. Kapelaan en kandidaat-heilige Alfons Ariëns is nog bij de Van het Reves langsgeweest om opa van het voornemen af te houden, maar Alfons maakte slechts een wanhopige en lijdende indruk op de familie. Misschien wel een zelfde soort indruk die kleinzoon Gerard er later juist toe bracht weer aan boord te stappen van het Moederschip: "'Wie was het dan, Die daar, in Zijn doodsangst... door een engel gesterkt moest worden...?' Ik haalde diep adem. 'Wie anders was dat... dan Godt zelf, Die wanhoopte en Die aan Zichzelf twijfelde...?'" (Moeder en Zoon – epiloog).

Sommige orthodoxe, Godt-hatende gelovigen, noemden onze Godtzoeker in de jaren zestig Godtslasterlijk. Maar op geen enkele manier gebruikte Gerard Reve in de gewraakte passage het begrip 'ezel' als 'lelijk', 'dom', of 'minderwaardig'. De ezel, en dan naar mijn persoonlijke mening vooral de muilezel, is hét toonbeeld van Nederige Berusting, Aanvaarding en Dienstbaarheid. Gelijk Christus aan het kruis wil ik maar zeggen.

Een ezel, en nogmaals, naar mijn persoonlijk inzicht vooral een muilezel, is zo onderdanig dat hij zelfs met een Twents accent balkt. Bij een ezel kun je altijd terecht. Er is een lied dat 'The Donkey Serenade' heet en door Mario Lanza in de onvergetelheid is gezongen. Een ontroerend lied waarin een dame geen boodschap heeft aan de liefdesverklaring van de zanger, waarna de jongeman, die toch z'n een en ander kwijt moet, een muilezel maar de liefde verklaart. 'But all that my lady can say is: ia'. Zeer aangrijpend.

Het lied wil naar mijn mening zeggen: als niemand nog luistert, luistert Godt nog. In dit geval, jawel, in de gedaante van een ezel. Wie dán niet huilt is geen mens. En dan te bedenken dat de 'ezelscène' uit *Nader tot U* nóg ontroerender is. En hoe kan iets in ezelsnaam Godtslasterlijk zijn als het weet te ontroeren? Een vraag die des te retorischer wordt als je het Aramese Onze Vader bekijkt. Dat spreekt niet van 'Onze Vader die in de hemel zijt', maar 'Bron van Zijn die ik ontmoet in dat wat mij ontroert.' Poëtisch gezien bijzonder lelijk, maar desondanks inhoudelijk wel juist, had ik zo gedacht. Al hou ik me, als dat mag, en dat doet het, wel bij de katholieke formulering, want: 'poëzie is de enige werkelijkheid, al de rest is flauwekul'.

En dan nog iets: op weg naar zijn lijden ging Christus op een ezel gezeten Jeruzalem binnen en wist zich zo gedragen door Godt. Zo, nou u weer.

En nou ik weer. Het besef van het onmogelijke van Tijd, van de vergissing van de waan van de dag, doet zowel kunst als religie ontstaan. Een heimwee naar iets dat men verstandelijk beredeneerd nooit gekend kan hebben. Dat andere kwetsbare jongetje, Willem Wilmink, liep als kind door de Javastraat. De straat waar hij was geboren en de enige straat waar hij ooit had gewoond. Tot zijn stomme verbazing voelde hij een sterk heimwee. Hoe kon dat nu? Nog nooit van zijn geboorteplek af geweest en toch heimwee. Naar wat?
Dat gevoel is de kiem van alle kunst en religie die die namen verdienen. Reve: 'Alle kunst is religieus'. En zo is dat dus. Of men eraan wil of niet. Uit 'Er is geen Godt' is nooit muziek of poëzie ontstaan. Hooguit 'een schilderij waar niets op staat' of 'een zeepbel die uit elkaar spat'.
Dat wat niet hol is getuigt onlosmakelijk van dat 'verlangen dat vecht naar U'. Hoe mooi het ook zou zijn als het anders was, er helpt geen lieve moeder of Moeder aan. Kunst neemt een voorschot op de Dood die Waarheid is en ons verlost uit de dagelijkse, wezenloze zeepbel waarin je maar zou verwelken. Reve: 'Iedere morgen als ik wakker word, denk ik: is dat gesodemieter nu nóg niet afgelopen...?' Lijden is nu eenmaal, Kunst haar lieve broertje.
Op een zelfde leeftijd als Willem Wilmink en het communicantje Guy de Fontgalland, en met een vergelijkbaar, moeilijk te duiden verlangen, is de jonge Reve in een passage uit Moeder en Zoon waarin hij met een door

hem bewonderd vriendje kerstbomen steelt: 'Vlak naast Nikie staande hoorde ik hem hijgen, werd ik op mijn gezicht zijn gloeiende adem gewaar, (...) Alles scheen op dit ene ogenblik geluk te zijn, dat echter op onbegrijpelijke wijze tegelijkertijd mateloos ongeluk en een diep verdriet inhield: (...) Ik probeerde tevergeefs iets te begrijpen van mijn gevoelens, die niet konden bestaan, maar die mij van de gehele schepping scheidden.'

De weg naar de Waarheid is een pijnlijk pad, dat begint bij een verlangen dat dóór de tijd heen reikt naar een dag en een plek die buiten tijd en ruimte liggen. Een dag en een plek buiten tijd en ruimte, jawel. 'Het kan niet en toch is het zo.' Dit besef wordt uitgedrukt in de Twentse taal, die van iemand die 'dood is' zegt dat hij 'oet de tied is kömmen'.

Naar mijn weten heeft Reve nooit gesproken of geschreven over zijn katholieke afstamming, maar hij zal zich er niet voor geschaamd hebben. Anders ligt dat denk ik met zijn Twentse wortels. Met een vader uit Enschede en een moeder uit Almelo was de grote Indoloog volbloed Tukker. Maar een romantisch decadent Schrijver zal wellicht weinig aanleiding zien trots te zijn af te stammen van een volk dat al een beroerte krijgt als het überhaupt één letter op papier ziet staan. Toch zit er naar mijn gevoel wel degelijk Twents in het werk van de Burgerschrijver. Om te beginnen kom je heel af en toe een woord of uitdrukking tegen die iemand buiten Twente onmogelijk kan kennen. Ik zei dit tegen Teigetje en Woelrat, met wie ik na afloop van de begrafenis in een Machelse eetgelegenheid terechtkwam. 'O ja?' zei Woelrat argwanend en hij keek me streng aan. 'Wat bijvoorbeeld?' 'Nou,' zei ik, 'bijvoorbeeld: bik-eers.' Woelrat begon in zijn handen te klappen en zei: 'Hoor je dat Teigetje? Hij zegt bik-eers.' 'O, da's grappig, Gerard had het ook altijd over een bik-eers.' 'Ja, dat is Twents.' 'O ja?' zei Teigetje ongelovig, 'Gerard zei altijd dat dat oud-Engels was.' Ter controle vroeg Woelrat me niet minder streng wat dan wel de betekenis mocht zijn van 'bik-eers'. Ik omschreef de betekenis en de herkenning was groot. Zij die willen weten wat een bik-eers is moeten dat maar opzoeken in een Twents woordenboek. In die van Dijkhuis staat het wel goed omschreven.

Maar veel belangrijker dan die enkele losse woorden en verdwaalde uitdrukkingen is het feit dat het Twents het één zegt en het ander bedoelt. Een Tukker zegt: 'Ik heb er niets teveel aan' ('ik heb d'r niks tevöl an') en bedoelt dat het hem teveel is. Hij zegt: 'Ik zal 't nog wa 's bekieken' en bedoelt: 'Je kunt het wel vergeten'. Reve: 'De katholieke kerk zegt het een en bedoelt het ander.' Ze zegt: 'Seks voor het huwelijk is zonde en bedoelt: ga respectvol en behoedzaam met seksualiteit om.' En als Reve Christus omschrijft als 'die Zenuwlijder', bedoelt hij dat hij veel lotsverbondenheid voelt met Hem. En als hij Godt-onder-de-gedaante-van-ezel langdurig in zijn Geheime Opening bezit, dan bedoelt hij juist iets zeer verhevens.

'Bij Reve wist je nooit goed of je hem bij de kop of bij de kont had', is een veelgehoorde klacht. Een klacht die je ook over Chinezen en Tukkers hoort uiten. Een klagen overigens dat veel over de klager zelf zegt. Want hoezo moet 'ja' altijd 'ja' zijn en 'nee' altijd 'nee'? Daar kom je toch geen meter verder mee? Ongetwijfeld zaaide Reve verwarring, maar ik ben ervan overtuigd dat die verwarring uiteindelijk slechts een noodzakelijk bijproduct was, geen doel. Hij zaaide verwarring maar bedoelde ruimte te scheppen, een weldadig vacuüm waarin het onzegbare zich veilig kon laten vallen.

Daar aan die Machelse eettafel hoorde ik dat Teigetje de moeder van Reve niet meer gekend had, maar wel de vader. Dé kans voor mij om erachter te komen hoe het daar aan tafel bij de van het Reves geklonken moest hebben. Want geboren en getogen in Amsterdam, met twee Twentse ouders, hoe gaat zoiets? Gezien hun afkomst en de tijd waarin ze leefden kan het niet anders of pa en ma Van het Reve moeten Twents met elkaar gesproken hebben. Tenzij ze dat uit principiële redenen hadden afgezworen, want dat komt voor in communistische kringen, weet ik uit eigen ervaring. Eind jaren zeventig trad ik op in Enschede voor een afdeling van de CPN. Een oudere heer vertelde me na afloop dat hij welbewust geen Twents meer sprak en zelfs zijn tongval had afgezworen, omdat hij het Twents de taal van de slaafsheid en onderdanigheid vond. Beetje vreemde gedachtengang, dat wel. Alsof je als vrouw je borsten

afsnijdt omdat ze symbool staan voor de sekse die
zich altijd heeft laten onderdrukken. Maar Luther zei
al: 'Jede Konsequenz führt zum Teufel.' 'Sprak Gerard
senior met een Twents accent?' vroeg ik Teigetje. 'Nee
hoor,' was het antwoord, 'zijn Nederlands klonk net
als dat van jou.'

De volledigheid gebiedt mij te zeggen dat ik ook problemen heb ontmoet bij het lezen van 'Graads van 't Riw'
(oud-Engels). Niet in alles wat mijn lievelingsschrijver
te lezen gaf herkende ik Lijden, Verlossing en Troost.
Geregeld liet hij zó in het zwartst van zijn geest kijken
dat ik me voelde als die priester die een keer tegen me
verzuchtte dat het afnemen van de biecht hem erg zwaar
viel. Te zwaar. 'Na afloop voel ik me als een natte dweil
waaraan iedereen zijn vuile voeten heeft afgeveegd.' Het
is zeer moedig van de Burgerschrijver om zo openlijk
bij zijn volk te biechten, dat wel. Zonder het genadeloos
wrede sadisme als vaak terugkerend motief was het
lezerspubliek ongetwijfeld groter geweest en had de winkel nog beter gedraaid.
Het boek dat ik het meest herlezen heb is *Moeder En Zoon*.
In dat prachtboek zit een vrij lang stuk waarin een zachte, kwetsbare en onzekere jongen tot op het bot wordt
vernederd en verkracht. Zonder dat je bij de Schrijver
ook maar het begin van een greintje mededogen kunt
ontdekken. En besef van schuld, anders altijd sterk
aanwezig bij Reve, is op zo'n moment blijkbaar even een

kop koffie halen. Weliswaar vervat in prachtige taal en met veel zinnen van waarheid, maar ook met 'een hoop gelul' dat me liever bespaard was gebleven en me als een volgesmeerde dweil achterlaat.
In *Oud En Eenzaam* staat een mooie verklaring voor het ontstaan van deze, zoals Reve het zelf noemt, 'seksuele mismaaktheid' en *Moeder En Zoon* laat ook zien met welk – uiteindelijk – zuiver verlangen het te maken heeft, maar het neemt niet weg dat het me steeds weer al lezende doet denken: de Schrijver doet nu erg zijn best mij een andere schrijver als lievelingsschrijver te laten nemen, maar het zal hem niet lukken!
En in die gedachte vond ik gelijk de oplossing voor mijn geworstel met hem. Want eenzelfde denken komt geregeld in me op als ik een kerkvorst hoor spreken of als ik sommige delen van de Bijbel lees. Dan denk ik: hier wordt erg geprobeerd me van mijn geloof af te brengen, maar het zal niet lukken! Was het niet de levensopdracht van de held van ons verhaal om Het Boek te schrijven dat alle andere boeken overbodig zou maken behalve de Heilige Schrift en het telefoonboek? Het telefoonboek is door internet inmiddels allang overbodig geworden, dus blijft slechts het andere Prachtboek als concurrentie over. En is dat meesterwerk niet doorspekt met onbegrijpelijke passages waar de honden geen brood van lusten en waarin de Schepper zich van een wrede, sadistische kant laat zien waarbij vergeleken Reve een halfzachte niet is? Passages waar geen mens wat mee kan, tenzij

van kwade wil? Kennelijk hoort dat bij een Boek dat alle andere boeken... etc. Dat mijn oplossing nog niet zo gek is haal ik uit hetzelfde geworstel dat Reve heeft met de Bijbel. Uit het einde van *Moeder En Zoon*: '"Er staat ook een hoop gelul in de Bijbel... Er staan ook stukken in die ik doorstreep, of die ik het liefste eruit zou scheuren..." Professor Hemelsoet leunde achterover, en klapte lachend in de handen. "Geslaagd!" riep hij uit.'
Eveneens overeenkomstig met elkaar weten de beide Schrijvers het zwartst van hun gedachten vorm te geven in een taal met een dermate fascinerende en zuigende kracht dat het me maar niet lukt de betreffende passages bij herlezing van de Werken over te slaan, hoe graag ik ook zou willen. 'De duivel is een mooie jongen en speelt prachtig viool.'

De kleine Guy de Fontgalland stierf op een zaterdag, de dag die toegewijd is aan de Heilige Maagd. Zijn eerste tandje, zijn eerste pasjes en zo ook zijn sterven, het gebeurde allemaal op een zaterdag. 'Iederen Zaterdagmorgen gaat O.L. Vrouw naar het Vagevuur om de zieltjes te gaan opzoeken en ze dan mede te nemen naar den hemel. Zo is het veel eenvoudiger dat ik op 'n zaterdag sterf. Dan hoeft Ze voor mij geen omweg te maken.'
Ook Reve had zijn hele leven een bijzondere band met zaterdag en stierf op een zaterdag. Zaterdag de achtste, aan de vooravond van de Lijdensweek. Acht was zijn getal, omdat 't het getal is van de Dood. Daarom ook is

de zondag de belangrijkste dag, het is immers de eerste en de achtste dag, de Alpha en de Omega. De cirkel is rond. Op de achtste dag van zijn sterven, wederom op een zaterdag, werd de Schrijver begraven. Geen gewone zaterdag, maar de paaszaterdag. De enige dag in het jaar dat de wereld van Godt verlaten is omdat wij zijn Zoon hebben vermoord en Hij in het graf ligt. Tot over de Dood mengde Reve stijl en mystiek tot een perfect onlosmakelijk geheel.

Na het geanimeerde dodenmaal liep ik weer door Machelen-aan-de-Leie, waar inmiddels de schemer al flink was gedaald. Schemeren wordt in het land van Reves voorvaderen 'twee-duustern' genoemd. Een woord dat door zijn gelijkenis met 'twilight' eveneens met oud-Engels kan worden verward, maar dat wel precies mijn gemoedstoestand op dat moment weergeeft en dat de uit de tijd gekomen Schrijver gekend zal hebben. In het weldadig vacuüm dat door de twee soorten duisternis werd geschapen viel me een helder idee in. Als ik nu eens terugging naar het kerkhof? Normaal gesproken is een kerkhof na zonsondergang gesloten, maar dit was België en dat ligt dicht bij Frankrijk. De logica ontging me zelf ook maar daardoor wist ik des te zekerder dat 't het proberen waard was. En o wonder, ik had gelijk! Het hek stond open en ik liep in mijn eentje de donkere dodenakker op. Met kloppend hart liep ik langs het lelijke, in Stalinistische stijl opgetrokken Heilig Hartbeeld en stond even later moederziel alleen voor het pasgedolven graf van de dode Schrijver. Er lagen bloemen en kransen, Godtdank, maar bij een gemiddelde begrafenis in het dorp waar ik woon ligt twee keer zoveel. De Antwerpse stadsdichter van Palestijnse afkomst Ramsey Nasr was de enige Nederlandse schrijver die die middag de moeite had genomen de grootste schrijver van de twintigste eeuw de laatste eer te bewijzen. Een drammende jeugdverdovingsfabriek, in het dagelijks taalgebruik 'dancing' genoemd, die pal naast het kerkhof was gesitueerd, braakte een niet te harden zinloos gebonk uit. Aan het hoofdeinde van het graf lag een omgewaaid bidprentje met daarop de laatst genomen foto van Gerard Kornelis van het Reve. Een in een smetteloos wit overhemd geklede mooie oude man zond een holle, wezenloze blik van het papier. Een koude, verlaten huivering trok door me heen toen ik de situatie en de plek waar ik stond tot me liet doordringen. Op mijn mobieltje een sms-je van mijn beste vriend die toevallig ook Gerard heet: in de boekhandel in Eindhoven had men maar twee boeken van Reve op voorraad. De rest moest besteld worden. 'Vergeet mij maar. Doe mij maar weg uit uw herinnering,' klonk in mijn hoofd. 'Maar een kind van Maria zal nooit verloren gaan,' zei de Heilige Alphonsus. En 'die man zegt niet zomaar wat,' schoot ook door mij heen.

Een paar dagen later, weer thuis, trof ik bij de post een verzoek van uitgeverij De Bezige Bij om een verhaal te schrijven over Gerard Reve. Kun je, zo bedacht ik, in een muziekstuk Mozart bezingen? Hoe kun je dan in een schrijven de Schrijver beschrijven zonder hem onrecht te doen?

Bij diezelfde post een anoniem verstuurd boekje uit 1927 over het jongetje Guy de Fontgalland, met op de eerste pagina onder ALLE RECHTEN VOORBEHOUDEN: 'O.L.V. Middelares aller genaden'. In de envelop alleen het boekje, geen begeleidend schrijven, afzender of een kaartje met toelichting. De toelichting moest ik halen uit het voorwoord: 'Och, lees dit, ge zult erdoor leeren sterven en leeren leven. Want dit kind heeft u te zeggen wat de liefde vermag.'

Dit bracht me in een vertrouwde, geruststellende verwarring en ik dacht terug aan het verlaten, nachtelijke moment op het kerkhof. 'Troost' was het woord dat in me opkwam. Ik pakte Reve uit de boekenkast, sloeg *Nader Tot U* op een willekeurige plek open en begon te lezen. Over de liefde, en wat die vermag:

"Als niets meer zijn zal, zal nog de Liefde zijn, want de Liefde, en Godt, dat zijn twee woorden voor één en hetzelfde, onderling vervangbaar, en identiek. Als je het opschrijft, staat het meteen op papier ook."

DE THEATERTEKST

Psalm 131

> [PUBLIEK LOOPT BINNEN.
> PAUZEBORDJES IN DE ZAAL BRANDEN.
> ZAALLICHT EN PAUZEBORDJES DOVEN.
> TERWIJL HET PODIUMLICHT LANGZAAM AANGAAT
> KLINKT OVER DE INSTALLATIE DE STEM VAN HF:]

'Luuster noar mien stil wean:

Mien hert is nich greuts, ik kiek nich astraant oet de oagen;
ik hoal miej nich gangs met grote zaken, met wat miej boawn 't benul geet.
Nee, ik heb miejzölf töt röst brach, ik bin stiller wörn.
Zo as nen kleanen bie de moo lig, as zonnen kleanen, zo bin ik.' *

In de naam van de Vader en de Zoon en de Heilige Geest.
Mag ik van tafel?
Ja?
Kan ik weer gaan spelen?
Mooi!

> [OPZWEPENDE MUZIEK.
> HF KOMT OP.]

* Twentse vertaling Psalm 131: Anne van der Meiden

Kennismaking

Goedenavond dames en heren.
Ik denk dat het verstandig is dat ik me even aan u voorstel.
Mijn naam is 'Herman Finkers'.
'Finkers' schrijf je met een F.
Heel vroeger heb ik ook al eens in het theater gestaan.
Ook wel hier in dit theater.
Kan zijn dat uw ouders zich dat nog wel weten te herinneren.
U moet het ze maar eens vragen als u ze weer opzoekt in het verpleeghuis.
Dan moet u eens voor de aardigheid vragen naar Her-man-Fin-kers.
Zou best kunnen dat er dan toch nog ergens bij hen een belletje gaat rinkelen.

Ik denk het wel, want ik heb maar liefst een kwart eeuw langs de vaderlandse podia gezworven.
Als 'komisch persoon'.
Men vraagt mij nog steeds wel eens: 'Moest je in die tijd om je eigen grappen lachen?'
Nee, dat hoefde niet.
Daar had ik m'n mensen voor.

En ik moet zeggen dat die zich altijd altijd keurig van hun taak gekweten hebben.

Dus aan uw ouders heeft het zeer beslist niet gelegen
dat ik op een gegeven moment moe werd van m'n eigen
humor.
Er was ook voor niks anders meer plaats, dat was zo erg.
Dan belde bijvoorbeeld voor de zoveelste keer mijn beste
vriend op: 'Herman, we moeten nu echt een keer iets
afspreken, anders zien we elkaar verdorie nooit meer.
Weet je wat?
Morgenvroeg tegen koffietijd... dan ben ik bij je!'
En dan was er altijd wel iets waardoor ik niet kon.
'Nee, morgen gaat niet, morgen ben ik een weekje weg.'
'O... Overmorgen dan?'
'Ja, overmorgen zou wél kunnen, maar ja, 's morgens
tegen koffietijd, ja hallo zeg, 's morgens tegen koffietijd
dan lig ik allang in bed.'
'En 's middags dan?'
''s Middags moet ik alweer naar het theater.'
En zo donderde m'n hele sociale leven in elkaar.
Ik werd ook steeds asocialer.
Zo at ik alleen nog maar buiten de deur...
en nu bestel ik in een restaurant altijd kangoeroe...
Ik bestel áltijd kangoeroe...
want dan weet je wat je krijgt...
Maar het vervelende is, ze hebben bijna nooit kangoeroe.
Maar in die tijd vertrouwde ik dat niet.
En zo werd ik wantrouwig en achterdochtig...
Op een gegeven moment was het zelfs zó erg met mij
gesteld dat ik stemmen begon te horen.

Ik begon stemmen te horen die niemand anders hoorde.
De psychiater heeft me onderzocht en die kwam erachter dat ik heel goede oren had.

Maar die goede oren had ik liever niet gehad. Want die stemmen fluisterden mij voortdurend zinloze gedachten in.
Gedachten die maar niet wilden stoppen, maar die ook nergens toe leidden.
Ik denk dat er wel mensen in de zaal zitten die dat herkennen, zo'n voortdurende:

Gedachtenkwel

Aan hem of haar hier in de zaal, die aan gedachten lijdt.
Gedachten die maar doorgaan zodat je kop in tweeën
 splijt.
Je denkt: hoe kan het zijn dat er een God van Liefde is,
als er een Auschwitz en een Kosovo en een 11 september
 is?

Zo denk je en je denkt maar
maar echt, je hebt er niet veel aan.
Je kunt wel denken dat mijn lul een bel is,
maar trek d'r maar eens aan.

Je vraagt je af waarom de één een kwaal te dragen heeft
en die hem op z'n langst een jaar of tien te leven geeft.
En waarom krijgt hij dan toch nog een jaar of tien met
 goed fatsoen,
terwijl een ander die veel jonger is het met een maand
 of twee moet doen?

Zo denk je en je denkt maar
maar echt, je hebt er niet veel aan.
Je kunt wel denken dat mijn lul een bel is,
maar trek d'r maar eens aan.

Ik denk dus ik besta, dacht ik,
of had ik dat gedacht en denk ik dat verkeerd?
Waarom gaan de verkeerde mensen dood,
is het leven zo gemeen, is er altijd hongersnood?
En wat is nou in hemelsnaam de reden dat een man die
toch al blind geboren is ook nog eens doof moet worden
   dan?
Is kapitalisme ook fascisme?
En fascisme idealisme?
Ieder -isme een vergisme?
Katholicisme kannibalisme?

... denk je en je denkt maar
maar echt, je hebt er niet veel aan.
Je kunt wel denken dat m'n lul een bel is,
maar trek d'r maar eens, trek d'r maar eens,
trek d'r maar eens aan.

Nacht in een stoel

En op een ochtend…
werd ik wakker in een stoel
en ik keek naar een opgemaakt bed.
Mijn jas had ik nog aan,
m'n tas stond op m'n schoot
en m'n lichaam was koud en stijf.
Een klop op de deur: 'Housekeeping sir.'
En een donkere vrouw uit een ver land
zegt me lachend dat ik m'n bed niet zelf had hoeven op
te maken.
Ik mompel iets van: 'Kleine moeite' en terwijl zij
de ongebruikte badkamer binnengaat
sluip ik de trap af en betaal bij de balie
vierhonderd gulden voor een nacht in een stoel.

Kortom: ik was moe.

Lichamelijke klachten

Na m'n tour stopte ik met alles en gaf ik mijn boekingskantoor opdracht iedereen die nog wat van Herman Finkers wilde, mede te delen dat Herman Finkers bezig is met een boek.
En dat Herman Finkers verwacht dat boek niet eerder dan over twee jaar uit te hebben.
Dat was een heel verstandige zet.
Want zo creeërde ik voor mezelf een weldadige periode van rust, waar ik goed van ben opgeknapt.
Ik was er zelfs zó goed van opgeknapt dat ik er weer zin in kreeg.
Tot, op een andere ochtend, het volgende gebeurde...

Ik keek die bewuste ochtend in de spiegel en ik zag een enorm bezopen, afgetrokken, vlekkerig gezicht.
En dat vlekkerige was niet normaal.
Meteen daarop kreeg ik hoge koortsen.
Zo extreem hoog zelfs dat m'n vrouw zich afvroeg of ze me wel goed had getemperatuurd.
En nu kun je iemand op drie manieren temperaturen: je kunt de thermometer onder de tong steken, in het oor of in dat wat Gerard Reve zijn 'artiesteningang' noemt.
Mijn vrouw besloot om voor alle zekerheid alledríe de methodes toe te passen.
En toen ben ik erachter gekomen dat daarbij de volgorde érg belangrijk is.

Dus toen werd ik nóg beroerder…. en ik kreeg… eens
even kijken, wat kreeg ik toen… ik kreeg keelklachten.
En als ik zeg keelklachten dan bedoel ik ook: KEELKLACH-
TEN.
Ik wist niet dat er zoveel klachten in één keel pasten.
Het paste ook amper, m'n keel werd twee keer zo dik.
Dus werd ik onderzocht door een KNO-arts.
Een KNO-arts, dat is een dokter voor de keel, de neus en
het oor.
Dat vind ik zó grappig!
Dat je dus een dokter hebt voor de keel, voor de neus en
het oor.
En die van mij leerde ook nog bij voor de elleboog en de
kleine teen, dus… ik had een heel goede.
Maar ondanks dat ik een heel goede had kon hij niks
vinden.
En toen kreeg ik een aanvullend bloedonderzoek.
De uitslag van zo'n bloedonderzoek laat altijd even op
zich wachten, en die tijd wil ik graag opvullen met een
liedje.

[GAAT MET GITAAR OP DE VLEUGEL ZITTEN.]

En ik begeleid mezelf daarbij op de vleugel.
Ja, dit soort grapjes moet ik niet te veel gaan maken vanavond.
Dan schiet ik weer gelijk in de stress.
Net als zeven jaar geleden.
Daar is nu net alle ellende mee begonnen...

Ik zal u even vertellen wat mijn bedoeling is van deze avond.
Ik heb zeven jaren achtereen niet opgetreden en ik hoop u vanavond een beetje een beeld te kunnen geven van hoe die zevenjarige pauze van mij eruit heeft gezien.
Ik begin daarom met een vrolijk liedje, want het is zeker niet alleen maar kommer en kwel geweest in die zeven jaar.
Integendeel zelfs.
Het mooie was, ik was nog niet gestopt met optreden of ik kreeg de ene onderscheiding na de andere.
Zelfs de Koningin heeft me wat op de mouw gespeld.
En ik deed niks...!
Ik deed echt hélémaal niks!
Toen dacht ik wel: wat heb ik al die andere jaren eigenlijk onnodig ingewikkeld gedaan...
De ene onderscheiding zei me niks en de andere vond ik dan toch wel weer heel leuk... een onderscheiding waar ik zeer blij mee was en ben, is deze geweest:

De Herman-Finkers-Fuchsia

Ik dacht: ik ben verwend, want ik ben bekend.
Waar ik ga of sta, ik word door iedereen herkend.
Maar sinds kort ben ik pas werkelijk beroemd:
er is een fuchsia naar mij vernoemd.

Al sta je in Carré, en kom je op tv,
al win je in je leven een Elfstedentocht of twee,
je bent pas werkelijk en wereldwijd beroemd,
als men een fuchsia naar jou vernoemt.

De Herman-Finkers-Fuchsia is een gemakkelijke plant.
Hij gedijt het beste in een woning zonder trammelant.
Met een vrouw des huizes die de hele dag gezellig zingt
en er zorg voor draagt dat hij op tijd en ruim voldoende
   drinkt.

Als hij de ruimte krijgt en niet teveel wordt ingesnoeid,
zul je zien hoeveel hij geeft en hoe lief hij voor je bloeit.

Als de tijd verstrijkt, het leven uit me wijkt,
en Petrus aan me vraagt wat ik op aarde heb bereikt
dan is het eerste dat door mij wordt opgenoemd:
er is een fuchsia naar mij vernoemd.

De Herman-Finkers-Fuchsia. De Herman-Finkers-Fuchsia.
Ja, een Fuch-, Fuch-, Fuchsia.

(Toen ik in het ziekenhuis kwam voor de uitslag van het onderzoek, bleek er nog geen uitslag te zijn. 'Dus,' zei de dokter, 'speel nog maar een liedje, want we zijn nog wel even bezig.')

Ik ben een levende legende

Ik ben een levende legende, een hele grote held.
Kijk maar in de Volkskrant, daar wordt van mij verteld:

'Een levende legende, een hele grote held.'
De paus verklaart me heilig, m'n relieken zijn besteld.

Spaar m'n nagels en m'n schaamhaar, neem sperma voor een kind.
En voor een tientje mag u houden, wat u in mijn toiletpot vindt.

Ik ben een levende legende, ik ben uw eigen grote held.

En als ik mij eens klein voel, trap ik iemand dood.
Dan word ik veel besproken, dan praat men mij wel groot.

Omdat ik wou da'k hém was, schoot ik Lennon dood.
En dwars door 't volk in Apeldoorn, zo knalde ik me groot.

Ik ben een levende legende, mijn daden staan vermeld,
dagelijks in de Volkskrant, ik ben een echte held.

'k Ben zó zinloos dat ik groot word, heiliger dan held.
'k Krijg kaarsjes en processies, alleen door dom geweld.

Met de Bijbel, de Koran, met gajes uit de goot,
moord ik en zo schop ik mijn minderwaardigheid wel
    dood.

Ik ben een levende legende, ik ben m'n eigen grote held.

Slecht-nieuws-gesprek

Voor de definitieve uitslag moest ik wezen in Amsterdam, waar ik me moest melden in het AMC.
Daar in het AMC – heb ik gemerkt – zie je het leven en het lijden tot een heel kale essentie teruggebracht.
Zo zat ik in een wachtruimte tegenover een mevrouw, en die mevrouw vertelde me dat haar man haar ziekte niet aankon en dat hij het op een zuipen had gezet.
'Echt waar meneer,' zei ze, 'hij zuipt en hij zuipt en hij zuipt!'
Het genante was dat haar man naast haar zat in die wachtruimte.
En om de stemming toch nog een beetje luchtig te houden zei ik: 'Ja, maar hij heeft vast een heel goed hart.'
'Dat heeft hij zeker,' zei ze, 'anders was hij allang dood geweest.'
Dit heb ik dus niet bedacht.
Dit soort dingen hoor je werkelijk in het AMC.
En ondertussen kletterde de regen maar op het glazen dak van dat ziekenhuis.
Het was bouwvakkantie en een van de patiënten zei: 'Je zult maar met dit weer in een tentje zitten.'
Ik zei: 'Nee, dan kun je beter in het AMC zitten.'

Ik werd geholpen door een zogeheten bloeddokter.
Die van mij heette Dankbaar.
Dokter Dankbaar, maar hij klonk bedroefd.

'Ga maar even rustig zitten,' zei dokter Dankbaar, 'want ik moet je slecht nieuws vertellen.'
Slecht nieuws...
Ik had wel eens gehoord dat een slecht-nieuws-gesprek het moeilijkste onderdeel is van het werk van een arts. Dus ik stelde hem een beetje op z'n gemak...
'k Gaf hem een sigaretje...
Legde een pakje tissues klaar...
En toen kwam het hoge woord er wel uit.
'Je hebt,' zei dokter Dankbaar, 'chronische lymfatische leukemie.'
Dat van dat 'leuke' wist ik wel, maar dat ik dat andere ook in mij had, wist ik eerlijk gezegd niet.
Dus ik zei: 'Dokter, ik weet niet eens wat het is...'
'Eh, ja...' zei hij, 'het is kanker.'
'Wat raar, ik heb nooit kanker...'
'Tja, nou wel... Het is bloedkanker, maar... een milde vorm.'
'O gelukkig, dus je gaat er niet dood aan.'
'Jawel, je gaat er wel dood aan.'
'...Jawel, jawel. Maar het heeft een goede kans op genezing.'
'Nee, het is ongeneeslijk.'
'Eh..., ja, ja... het is ongeneeslijk én je gaat er dood aan.'
'...Ja.'
'...als het maar mild is...!'
Jawel, dat was het wel, het was wel mild.
'O, gelukkig... ik schrok al... Maar dokter, als ik vragen

mag, wat is er dan eigenlijk zo mild aan?'
'Het kan nog wel een hele tijd duren voordat het zover is.'
'O, dus ik haal mijn pensioen wel...'
Nou ja, dat was nou óók weer niet de bedoeling...
Dat heb je met die patiënten hè, je geeft ze één vinger en ze pakken verdorie de hele hand.
En ik ben daarop blijkbaar geen uitzondering.
'Nee,' zei dokter Dankbaar, 'er staat zo'n tien tot vijftien jaar voor, maar het kan ook zo opeens in twee jaar al afgelopen zijn.'
'Twee jaar al?'
'Ja, ik kan het niet beloven natuurlijk, maar het zou kunnen.'

Dokter Dankbaar keek me plots heel indringend aan en zei: 'Als je zo'n bericht te horen krijgt, dan zakt opeens de bodem onder je bestaan vandaan, hè?'
Maar als ik heel eerlijk ben, was dat bij mij niet het geval.
Nee, ik had het leven altijd al beschouwd als een ongeneeslijke ziekte waar je uiteindelijk dood aan gaat.
Bovendien heb ik al een heel leven achter de rug.
Een leven waaruit ik ook nog 's, vind ik, het dubbele haal van wat een normaal mens eruit haalt.
Wat een gemiddeld mens in een jaar drinkt, drink ik in een half jaar.
Of ik dan psychologische begeleiding wilde, maar dat wilde ik niet.

Want psychologen zijn niet gewoon gek, die hebben er nog voor geleerd ook.
Dat weet ik, want ik heb zélf psychologie gestudeerd.
Ik ben er mee gestopt toen ik erachter kwam dat een psycholoog heel vaak iemand is die aan de verkeerde kant van de tafel zit.
Dus ik hoefde geen psychologische begeleiding.
En zoals ik al zei: ik had niet het gevoel dat er door dit bericht wezenlijk iets aan het leven of de wereld was veranderd.

Dat gevoel kreeg ik gek genoeg wel even later, op de gang van het ziekenhuis.
Ik kreeg daar op die gang een ervaring waar ik nogal van schrok.
Of: ik schrok van mezelf, laat ik het zo zeggen.
Ik zag daar op die gang een stokoude man lopen die, volledig dement en met een grote incontinentie-luier om, een rollator aan het verplaatsen was.
Tot dan toe vervulde zo'n beeld mij met een intens medelijden, maar nu dacht ik tot mijn grote schrik en verbazing: hé, bofkont!
Ja, dat wil ik ook wel: zo oud worden dat ik volledig dement en incontinent niets beters weet te doen dan de hele dag een rollator lopen te verplaatsen.
De man voelde dat ik naar hem keek en hij zei: 'Tjaaa... oud worden is niet makkelijk...'
Ik zei: 'Nee, dat heb ik net gehoord.

Maar u bént wel oud geworden.'
'Ja, maar oud zíjn, is helemáál niet makkelijk.'
'Nee, en erover klagen wel. Oude mazzelpik.'
Zo kende ik mezelf totaal niet.
Dus daar schrok ik nogal van.

Maar voor de rest was er nog niet zo gek veel aan de wereld veranderd.
Bij de balie nam ik nog een folder mee over CLL, zoals de afkorting officieel luidt.
Daarin stonden de symptomen van mijn aandoening nog eens netjes op een rij: moeheid, keelklachten, opgezette lymfeklieren en een uitgedroogde vagina.
Niet alle klachten herkende ik zo één, twee, drie, onmiddellijk…
Maar, dacht ik, ik begin nog maar net…
En bovendien, de dokter zal het toch ook wel beter weten dan ik.

Dat laatste zit een beetje in onze familie, om zo te denken. Mijn opa lag op sterven en op een gegeven ogenblik zei de dokter: 'Ja, hij is overleden.'
Waarop mijn opa zijn ogen opsloeg en zei: 'Ik bin nog nie dood heur.'
Waarop m'n oma zei: 'Hoaldt oe stil Wilm, dokter zal 't toch wa better wetten as iej!'

Dus dat zit ook wel een beetje in de familie.
Maar goed, toen kwam het moeilijkste van alles: het nieuws vertellen aan mijn vrouw.
Ik besloot om gelijk met de deur in huis te vallen.

'Pupke, ik heb net bericht gekregen van het ziekenhuis en wat ik heb is: chronische lymfatische leukemie.'
'Wat raar,' zei ze, 'je hebt nooit chronische lymfatische leukemie.'
'Nee, maar nou wel.'
Ze trok lijkbleek weg, viel een lange tijd stil en schudde toen: 'Hoe kan dat nou?'
'Tja, dat weet ik ook niet.
Volgens deze folder moet de oorzaak worden gezocht in een combinatie van factoren.'
Ze zei: 'Ik kan me niet voorstellen dat het alleen maar een combinatie van factoren is geweest. Er móet gewoon meer achter zitten.'
'Nee, nu draai je echt door.
Het is echt alleen maar een combinatie van factoren geweest.
Dit is een officiële folder van het ziekenhuis, daar zetten ze toch geen onzin in…!'
'Hoe zeker is het?' vroeg ze.
'Op dit moment is het 99,9 procent zeker.'
'O, dus het is nog maar de vraag!'
Dat heb je met die naasten hè, je geeft ze één strohalm en ze pakken verdorie de hele baal.

En die hoop mag je ze nóóit afpakken.
Nooit.
Dus ik zei: 'Nee, dat klopt, strikt wetenschappelijk gezien is het nog niet honderd procent zeker, en statistisch gezien is het zelfs zo dat jouw rijstijl een lagere gemiddelde levensverwachting schept dan al die kankercellen van mij bij elkaar.'
'Ach, ja,' zei ze, 'zo moet ik het eigenlijk ook maar gaan bekijken, hè.
Ik bedoel, ik kan morgen wel met mijn auto tegen een boom aanrijden.'
Ik zei: 'Precies, hoop is er altijd.'

Arme lieve depressieve vrouw

Arme lieve depressieve vrouw.
Kom nou maar gauw in mijn armen.
Ik zal je wiegen en warmen, en wees gerust,
ik wieg je met tederheid, niet met lust.
Al je geslachtsdelen laat ik met rust.

Mooie lieve depressieve vrouw.
Graag zou ik jou zien bedaren.
'k Streel daarom zacht door je haren, en wees gerust,
ik streel je met tederheid, niet met lust.
Al je geslachtsdelen laat ik met rust.

Ik maak een bad voor je klaar
en strooi daar achter elkaar
blaadjes in van roosmarijn,
van pepermunt en marjolein.

Ik zet wat lindebloesemthee,
'k neem de Libelle voor je mee,
met het Libelle-lente-hoekje
en Het-verwen-jezelf-eens-uitgebreid-met-appeltaarten-
 boekje.

Ik zet het raam voor je open,
daar kwam een muisje door geslopen,
dat blozend zei: 'Ik hou van jou'.
En een muisje bloost niet gauw.

Een vogeltje vliegt naar de rand van 't bad.
Hoor je wel wat het kwinkeleert?
Ik heb 'm zelf dat geleerd. Het zegt: 'Vorstin.
U bent een mooie zeemeermin,
een lieve sprookjeskoningin.'

En heb je dan nóg aan het leven geen zin…
doe me dat niet aan… want dan weet ik het niet meer…
en dan ram ik hem er in één keer in.

Arme lieve, mooie lieve depressieve vrouw.

Een nieuwe periode

En zo breekt er in je huwelijk een geheel nieuwe periode aan.
Een periode waarin je te maken krijgt met zaken waar je voorheen geen weet van had.
Zo moest ik voor nader onderzoek onder een scan en vooraf kreeg ik door een verpleegster een zogeheten contrastvloeistof ingespoten.
Terwijl ze dat deed zei ze heel geheimzinnig: 'Dit geeft zo dadelijk een héél eigenaardig gevoel.
Dan ben je er op voorbereid.'
Ik zei: [GEHEIMZINNIG TERUGFLUISTEREND] 'Oké…!'
Meteen daarop zei ze: 'Kleed je maar helemaal uit, Herman.'
Ik zei: 'Mijn vrouw staat erbij…!'
M'n vrouw hoorde dat en ze begon te lachen.
Moet u nagaan: míjn vrouw begon te láchen en ze zei: 'Goh, dat geeft toch niks, doe maar gewoon wat ze zegt…'
Ik dacht: de wereld verandert dus tóch echt als je iets onder de leden hebt.

En eerlijk gezegd vond ik dat nog niet zo verkeerd.

In die folders en in die praatprogramma's wordt wel uit den treure verteld wat voor een narigheid je allemaal kunt verwachten, maar de léuke dingen laten ze weg.

Die heb ik nu dan even snel verteld en daar wou ik het ook graag bij laten voor wat dit onderwerp betreft.
Want tja, wat moet je er nog meer van zeggen?
Eigenlijk niks.
Eigenlijk kun je er niks meer van zeggen.
Want uiteindelijk is het met zo'n ziekte zo: als je het hebt is het heel vervelend, maar als je het niet hebt is het mooi meegenomen.
Dus eigenlijk zitten er twee kanten aan zo'n ziekte.

En als je dan ook nog eens leest dat de T-gelieerde lymfocieten drie keer zo confuciaal zijn als de B-georiënteerde luminaal... ja waar prâát je dan over...!?
Dan praat je over googelen op internet.
Om maar alles te weten te komen over je aandoening.
En dat is het laatste wat ik ervan ga zeggen: dat moet u dus niet doen.
Als je gaat googelen op internet om maar alles te weten te komen over wat je hebt dan word je depressief en dan zie je binnen de kortste keren de wereld door een zeer gekleurde bril.
Jawel.
Mijn vrouw en ik liepen na een middagje googelen door het park: 'Kijk,' zei ze, 'een knobbelzwaan.'
'Ja,' zei ik, 'maar hij lijkt me wel goedaardig.'

Kijk, dat is niet goed. Dan ben je verkeerd bezig.

Waarom het leed goede mensen treft

Het is wél goed om, als je zo'n bericht eenmaal gekregen hebt, je leven nog eens goed onder de loep te nemen en waar nodig drastische maatregelen te nemen.
Zo ben ik met een aantal mensen radicaal gekapt.
En dat bevalt hen uitstekend.

Het is wel wijs om niet gelijk met iedereen radicaal te kappen.
Het is wel erg verleidelijk moet ik zeggen, als je er eenmaal lekker inzit… maar dat kun je toch beter niet doen.
Want niet alleen moet je het van je vrienden hebben, zij moeten het ook van jou hebben.
Net zo goed.
Zo heb ik een heel goede vriend en die vriend van mij heeft maar één been.
Maar verder ziet hij er wel netjes uit.
Dat been van hem moest worden geamputeerd om een of andere reden.
En nu heeft men bij mijn vriend per ongeluk het verkeerde been afgezet.
Zodat hij straks nóg een keer onder het mes moet en ook zijn andere been zal moeten missen.
Toen ik dit bericht te horen kreeg dacht ik echt: wat is hier nou de zin van?
Waarom krijgt iemand, die toch al de pech heeft een been te moeten missen, ook nog eens de pech dat hem

het verkeerde been wordt afgezet?!
En mét dat ik met deze gedachtenkwel bezig was, viel me het antwoord in...

Dat is...
omdat wij niet in de hemel zijn...
In de hemel wordt altijd je goede been geamputeerd...

Ja...
Maar hier op aarde is het leven lijden.

'Dat is een ongelooflijk domme redenering,' zei me laatst een dominee na afloop van de voorstelling.
En dat zou best kunnen hoor, dat de dominee daar gelijk in heeft, dat dat theologisch gezien dom is.
Ik denk wel dat de dominee daar gelijk in heeft, want uiteindelijk weten protestanten veel en veel meer van de Bijbel dan katholieken.
Ze snáppen het wat minder, maar ze wéten er veel meer van.
Het probleem is alleen: als je heel veel van iets weet, hou je geen verstand meer over om het ook nog eens te begrijpen.
Dat is 't.
Natuurlijk is het onzin te beweren dat iemand die katholiek is per definitie goed bij zijn hoofd is, integendeel zelfs.
Iemand die katholiek is, is zeer hoogstwaarschijnlijk

niet goed bij zijn hoofd.
Laten we wel wezen.
Maar iemand die niet-katholiek is, is in ieder gevál niet goed bij zijn hoofd.
Het katholicisme geeft nog een klein sprankje hoop.
Het enige en hoogst haalbare wat een mens in zijn leven mag verwachten.

Nou, dit soort dingen bedenk je dus allemaal als je niks te doen hebt.

En ik heb zeven jaar niks te doen gehad, dus kunt u
nagaan...
Ik werd soms knettergek van mezelf.
En als ik geen zin had om na te denken zette ik de televisie aan.
Dan houdt het denken vanzelf wel op.

En door die televisie heb ik kennis kunnen nemen van:

De Tijdgeest

Want dat klinkt misschien raar, maar ik heb vijfentwintig jaar lang onze tijdgeest niet gekend.
Ik zat elke avond op het podium in mijn eigen geest.
Maar door de televisie heb ik 'm leren kennen.
En ik heb drie gedichtjes gemaakt op de tijdgeest.
Mijn eerste gedichtje is getiteld:

Amerikaanse talkshow

Een kinderlijk volk
op een tribune
klapt voor een vleesberg
die met dodelijke rancune
klaagt dat haar man
geen aandacht geven kan.
De presentatrice
gaat het gejeremieer belonen
en valt de man aan op zijn gebrek,
ze zegt hem dat hij 'tederheid' moet tonen
aan honderdtachtig kilo klagend spek.

Tweede gedichtje...

TMF

TMF toont de adolescent
veeleisend en verwend.
Omdat een adolescent
die veeleisend en verwend is,
de ideale consument is.

NEE,

niets klinkt verwender
dan jongelui op een commerciële zender.
Ik zie zoiets en denk meteen:
daar moet een oorlog overheen.
Bijvoorbeeld wereldoorlog-één.
Niks geen huis vol camera's en kickuh en fun.
Nee, met typhus in een loopgraaf onder spervuur in
   Verdun.
Met je afgeschoten been in het prikkeldraad, vol modder.
En daarna praten we verder als volwassenen,
  bij Big Brother.

Ik ben niet zo goed in de huidige tijdgeest.
Ik ben er zelfs vrij slecht in.
Zo zie ik wel eens een prachtige vrouw waarbij ik denk:
wat moet het toch verrukkelijk zijn om samen met
haar... in de blote kont... een oud gregoriaans handschrift te bestuderen.

Maar tegelijkertijd bedenk ik tot mijn grote schrik, dat
ik haar waarschijnlijk nog eerder enthousiast krijg voor
die blote kont dan voor dat oude gregoriaanse handschrift.
Ja, zegt men dan: 'Zo'n oud gregoriaans handschrift...
Dat past niet meer in deze tijd.'
Maar me dunkt, als schoonheid en fijnzinnigheid niet
meer in deze tijd passen, dat het dan tijd wordt voor
Andere Tijden:

Men fietst niet meer

Men fietst niet meer, men sjeest.
Men wandelt niet, men rent.
Er wordt wat afgepeesd,
en aardig wat ontkend.

En 'iets' is niet meer 'iets',
't is altijd 'opgeleukt',
en men gelooft in Niets,
men vrijt ook niet, men neukt.

Verzorging heet nu 'zorg',
men wast niet een patiënt,
maar levert 'het product
2-10' aan een cliënt.

Omdat wij niet meer in
de Middeleeuwen zijn,
zijn wij verlicht en vrij
consumptieslaaf te zijn.

Dan clam ik op heur buyksken;
en wy speelden 't olde speelkin
met heur höfken en met mien veelken,
gelyck in paradys men plach.
En my docht dat ik in roode rooskens lag.

En 't nachtegaaltje floot,
voor wie dat nog begrijpt,
zo teder op een tak;
het fluit niet meer, het pijpt.

Verlicht, maar weinig zicht.
Mijn God, wat ik U schreeuw,
geef ons voor extra licht
zo'n donk're Middeleeuw.

Het waren twee koninghs kindren,
sy hadden malkander soo lief.
Sy konden by-een niet komen,
het water was veel te diep.

Verlicht, maar weinig zicht.
Mijn God, wat ik U schreeuw,
geef ons voor extra licht
zo'n donk're Middeleeuw.

De vrouw

Zoals u weet, staat achter elke vrouw een sterke artiest.
En dat is bij ons thuis niet veel anders.
Ik zat een keer in m'n werkkamer toen mijn vrouw
binnenkwam: 'Waar ga je het in je nieuwe programma
eigenlijk over hebben?'
Ik zei: 'Nou ja, zeven jaar is een hele periode hè, dus ik
heb eerder te veel onderwerpen dan te weinig.'
'Nu ontwijk je mijn vraag,' zei ze, 'door een ándere vraag,
die ik helemaal niet gesteld heb te beantwoorden!'
'O, is dat zo?'
'Ja,' zei ze, 'dat is zo!'
'O, neem me niet kwalijk, alleen een beetje melk graag.'
En toen begon ze te lachen en ze zei: 'Nou ja, het maakt
ook niet uit waar het over gaat, als het maar niet over
míj gaat.'
Ik dacht: maar dát is een leuk onderwerp, mijn vrouw!
Dat ik daar niet eerder aan gedacht heb...

Want mijn vrouw is zondermeer het belangrijkste geweest in mijn pauze.

Weet u: mijn vrouw en ik, we kenden elkaar amper.
Ik was altijd op pad en zij had ook haar eigen werk.
Maar door die zeven jaar hebben we elkaar goed leren
kennen.

En ik kan heel eerlijk, recht uit mijn hart zeggen: mijn vrouw is helemaal te gek.
Écht te gek.
Ik ben vaak te goed, maar zij is te gek.
Het begon bij ons al gelijk heel erg gek.
Toen we elkaar voor het eerst ontmoetten hadden we allebei het gevoel dat we elkaar al heel lang kenden.
Dus m'n openingszin was: 'Het lijkt me beter dat we een tijdje uit elkaar gaan.'
'Ja,' zei ze, 'dat lijkt me ook, want dit ken ik nou wel een keer.'

Afijn, wij uit elkaar…
Maar het rare was, dat veranderde niets aan de situatie.
'Tja,' zei ze, 'dan kunnen we net zo goed bij elkaar gaan wonen, het maakt toch geen verschil.'
'Ja, dat is eigenlijk ook wel zo.'
Dus zij mee naar mijn huis…
Onderweg zei ze: 'Ik zal je maar meteen zeggen welk vlees je met mij in de kuip hebt: ik ben hooggevoelig en hoogbegaafd.'
Ik zei: 'Zolang het niet hoogzwanger is, vind ik alles best.'
Want zwangerschap is de meest voorkomende seksueel overdraagbare aandoening, hè.
'Dus je bent hooggevoelig?'
'Ja, ik ben hooggevoelig. Ik heb een vijfde zintuig.'

'Je bedoelt waarschijnlijk een zésde zintuig... hoogbegaafde vrouw.'
'Nee, nee-nee, een vijfde.'
'Een vijfde zintuig hebben we allemaal.'
'Da's niet waar, Ray Charles had er maar vier.'
'Ja, ja. Dus je hebt een vijfde zintuig...'
'Ja, zit in de familie.
Oom Kees was doof én helderziend, die had ook een vijfde zintuig.'
Ik dacht: die is goed maf, die moet ik hebben!

En tot m'n grote vreugde zei ze: 'Nu ik toch met je meeloop naar je huis, zal ik dan ook maar gelijk blijven slapen?'
'Eh, eh, ja, dat is goed.
Dan leg ik wel een matras op de grond.'
'O, nee,' zei ze, 'ik ga niet op de grond neuken.'
Dus ze hield het tempo er nogal strak in en binnen de kortste keren waren we getrouwd.

Zoals ieder ander huwelijk begon ook dat van ons met rozegeur, maneschijn, etc. etc. Maar eveneens als ieder ander huwelijk ontmoette ook dat van ons het onvermijdelijke moment dat er gekibbeld wordt, dat er irritaties worden uitgesproken en dat er flink ruzie wordt gemaakt.
Waarom vrouwen dat doen, weet niemand...
maar ze doen het.

Mijn vrouw ook: talloze malen liep ze door het huis: 'Ik ga bij je weg, ik ga op een flatje wonen, ik spring in het kanaal...'
En meer van dat soort loze beloftes...

Op een gegeven ogenblik had ze het echt te bont gemaakt en ik zei: 'Eruit!
En nou eruit!'
Maar dat wou ze niet...
En toen zijn we uitgekomen op een gedeeltelijke scheiding.
We waren wél gescheiden van bed maar níet van tafel.
Zodat we het noodgedwongen op de tafel moesten doen.
Omdat we dat allebei toch wel wat onhandig vonden hebben we de zaak maar omgedraaid en sindsdien krijg ik elke morgen ontbijt op bed.

En nu is ons huwelijk weer helemaal te gek.
Écht te gek.
Vind ik wel.
Kijk, een homohuwelijk is vaak te goed.
Want bij een homohuwelijk is sprake van twee geesten in een en dezelfde wereld.
Ja, mooi makkelijk, zo kan ik het ook.
Maar mijn vrouw en ik, wij hebben geen homohuwelijk, wij hebben een geméngd huwelijk.
En bij een gemengd huwelijk is altijd sprake van twee geesten in minimaal twee werelden.

Minimaal!

Bij ons is het wel helemaal extreem: mijn vrouw denkt letterlijk over alles anders dan ik.

Ik vind dat een mooi voordeel, want anders zou het maar een saaie bedoening zijn.

Mijn vrouw ziet dat héél anders.

Omdat een vrouw ook anders ís dan een man.

Het feminisme heeft dat aanvankelijk lang proberen te ontkennen... en ik heb niks tegen het feminisme – al vind ik *de Libelle* vaak wel érg fanatiek – maar een vrouw ís anders dan een man.

Om te beginnen is een vrouw veel stérker dan een man.

Zo kan een vrouw volkomen zelfstandig ongelukkig zijn terwijl een man daar altijd weer een vrouw bij nodig heeft.

Dat komt omdat een vrouw een gevoelsmens is.

Een vrouw heeft domweg meer gevoel.

Gevoel voor kaartlezen, voor dvd-bediening, voor een vastgelopen computer...

Terwijl een man veel exacter is ingesteld.

Een man weet exáct wanneer het handig is om te gaan huilen en wanneer niet.

En dat verschil tussen man en vrouw dat moet je koesteren en dat moet je omarmen.

Er zijn mannen die dat anders zien.

Je hebt mannen die hun vrouw als hun 'maatje' zien, maar dat vind ik vreselijk.

Als ik m'n vrouw als m'n 'maatje' zou zien, zou ik op

slag impotent worden.
Ik ben geen matennaaier.

Ik vind dat verschil tussen man en vrouw mooi.
Ik zal u ook een voorbeeld geven waaróm ik dat verschil tussen man en vrouw zo mooi vind.
Mijn vrouw en ik zijn naar de film geweest en na afloop vraag ik haar: 'Hoe vond je de film?'
En dan zegt zij: 'Ik vond hem mooi.'
Dan vraag ik: 'In welke zin vond je hem mooi?'
En dan antwoordt zij: 'In positieve zin.'
Ik begrijp daar niets van, maar ik vind het wel prachtig: 'Ik vind het mooi, in positieve zin.'
Credo quia absurdum.

Je hebt mannen die zijn zó dom dat ze zich aan dit soort gedachtengangen gaan ergeren, maar dat is echt het stomste wat je doen kunt.
Je moet je er goed op voorbereiden dat het zeer wel kan gebeuren dat als je bijvoorbeeld samen met je vrouw naar het schaatsen zit te kijken, dat ze dan zo opeens iets zegt als: 'Knap eigenlijk hè, dat ze vroeger op houten schaatsen wereldkampioen werden.'
Geniet van zo'n gedachtengang...
Ik zie nu ook een aantal dames kijken van: 'Goh, dat is toch ook heel knap...?'
Is ook zo, is echt heel knap, ik doe het niet na in ieder geval, laat ik het zo zeggen...

Mocht dat trouwens uw vrouw zijn, of uw vriendin...
Geníet ervan, met volle teugen... want besef wel dat zíj
soortgelijke verbazingen heeft bij de gedachtengangen
van jóu.
Net zo goed.
Zo zaten we een keer naar het schaatsen te kijken en ik
zei tegen haar: 'Weet je wel dat ik sneller schaats dan
Gerrit Hulzebosch?'
Ze zei: 'Je bedoelt waarschijnlijk Erik Hulzebosch.'
'Ik zei: 'Nee, Gerrit. Erik gaat me veel te hard.'

Dan vindt zij dat raar gedacht van mij, terwijl ik er maar
niet achter kom waar mijn eventuele denkfout zou liggen.
En ik het weer raar vind dat zij echt denkt dat ik harder
zou kunnen schaatsen dan Erik Hulzebosch!

Ik heb al moeite met Gerrit...

Dus geniet van dat verschil...
En, ook héél belangrijk: wees zuinig op je huwelijk, want
trouwen doe je maar eens in je leven.
Je hebt mensen die het vaker doen, maar die zijn wel érg
hardleers vind ik.

Nee, ik vind dat verschil mooi.

Maar, laat ik wel eerlijk blijven, er zijn wel een paar vrouwelijke eigenschappen, waar ik moeite mee heb.
Een vrouwelijke eigenschap waar ik niet zo dol op ben is uit een misplaatst soort samenhorigheidsgevoel…
alles willen doen wat de man ook doet.
Daar hou ik niet van.
Ik zal u een voorbeeld geven, en misschien herkent u de situatie: we zijn neergestreken op een terrasje, voor een kopje koffie, en ik vraag haar: 'Neem je nog iets bij de koffie?'
En dan antwoordt zij:
'Ik doe wat jij ook doet…'
Dan zeg ik onmiddellijk:
'Ik ga er een potje bij masturberen.'

En die aanpak werkt voortreffelijk.

Pater Pio

Pater Pio was een kapucijn
die kon op twee locaties zijn.
Maar, en dat was de bijzonderheid,
hij kon dat tegelijkertijd.

En de stigmata had hij ook nog
en hij vloog ook door de lucht maar toch,
maar toch, maar toch, maar toch:
de vrouwelijke geest, de vrouwelijke geest
verbaast het allermeest.

Je ziet geregeld dat er mensen zijn
die genieten van een beetje pijn.
Ze boren gaatjes door hun snikkel heen
met een gewicht eraan, maar 'k zag er één:

nou, die hing wel zoveel aan zijn aal
dat was gewoon niet meer normaal.
Toch stond hij niet voor paal.
De vrouwelijke geest, de vrouwelijke geest,
verbaast het allermeest.

Neem mezelf, ik ben geen vrouw maar man.
En daar is nou net geen flikker an.
Met zo één ben ik niet graag getrouwd.
Alles wat ik zeg is onderbouwd.

Logisch, stap voor stap en weldoordacht.
Zo voorspelbaar als de dooie nacht.
Met een lichaam waar ik echt van gruw.
Veel te harig, hoekig en te ruw.

In plaats van tietjes en een lieve spleet
een domme zak en haren in m'n reet…

*Het spijt me heel erg, maar ik kon niks anders vinden
in het rijmwoordenboek.
Ik vind het ook wel heel jammer.
Echt.*

*Maar het rijmt wél!
Vind ik toch wel erg belangrijk: goed rijm.*

… een domme zak en haren in m'n reet.
Maar een vrouw is zo mentaal bedeeld
dat ze daarmee graag de lakens deelt.

Ze kust en knuffelt, heeft zich vastgeklampt
aan zo'n vreselijk lijf en rampetampt
en dampt en duwt verkrampt.
De vrouwelijke geest, de vrouwelijke geest
is een verrukkelijk mooi feest.

Worteltjestaart

Als ik nog heel even door mag gaan over mijn vrouw...
want uiteindelijk was en is ze het belangrijkste...
Ik kwam een keer thuis en ik rook dat m'n vrouw worteltjestaart aan het bakken was. Worteltjestaart, ja.
M'n vrouw en ik: wij éten ook als konijnen.
En terwijl de worteltjestaart in de oven stond te garen wilde m'n vrouw een portie seksualiteit.
Nou ja, dan ben ik zo, dan strijk ik wel weer met mijn hand over mijn hart en dan offer ik mezelf wel weer op....
En helemaal omdat ze speciaal voor de gelegenheid nieuwe lingerie had gekocht.
Van die sekssokken met jarretels d'r boven.
Sekssokken!
Maar ja, die sekssokken koopt ze dan wel weer in de aanbieding voor de helft van het geld.
Vrouwen zijn zo godsellendig praktisch hè...
Jezus komt thuis en zegt tegen Maria: 'Moeder, Ik ben het leven en de verrijzenis.'
'Ja, dat is goed jongen, zet jij de vuilniszak even buiten?'
Zo praktisch, hè...

Dus daar stond mijn vrouw praktisch te wezen in d'r sekssokken voor de helft van het geld.
'Hoe vind je mijn nieuwe lingerie?' vroeg ze.
Ik zei: 'Dat is geen lingerie, dat is een voorbehoedmiddel.'

'Jij maakt ook altijd overal een grapje van.'
Ik zei: 'Dat is geen grapje'.
'Als dat geen grapje is dan is dáár het gat van de deur!'
En ze smeet me de worteltjestaart naar het hoofd.

Zó ongeveer verloopt bij ons het voorspel.

Liever dan geluk

Vóór ze tanden heeft gepoetst heeft zij m'n dag al
    opgeluisterd,
heeft zij al vele lieve woordjes m'n neus ingefluisterd.

Als zij haar vleeswaren bloot naar de badkamer wiegt,
bedenk ik zóveel mooie zonden dat ik die nooit krijg
    opgebiecht.

Ik ken alles van haar lijf, het mijne ken ik slechter.
Haar linkerborst is groter, evenals haar rechter.

Als ik een jurkje voor d'r koop, in de winkel haar omschrijf,
bloos ik haar maten uit mijn hoofd: achtendertig,
    dubbel-D en S-5.

Ik heb haar liever dan geluk, ik heb haar liever dan de ware,
meer dan in m'n eigen lichaam, wil ik zijn in het hare.

Zij vervangt voor mij de fles, ik ben haar eigen trouwe
    drinker.
En haar rechterborst is groter, evenals haar linker.

Ze vindt de wereld heel erg slecht, ze heeft al vaak
    geprotesteerd.
Maar hoe harder of ze vecht, hoe harder zij beweert:

'Heb me lief asjeblief, van eind mei tot eind mei.'
En dat mooi karwei, bedacht de Lieve Heer voor mij.

Ik heb haar liever dan geluk, ik heb haar liever dan de ware,
meer dan in m'n eigen lichaam, wil ik zijn in het hare.

Als ze honderdachttien is, hark ik haar vellen bij elkaar,
doe er 'n elastiekje om en vrij de hele dag met haar. (bis)

Ik heb haar liever dan geluk…

[GAAT MIDDENVOOR STAAN.

MUZIEK GLUCK (ORFEO, 'DE FURIES') KLINKT.

HF DIRIGEERT.

DIRIGEREN GAAT OVER IN HET UITBEELDEN VAN EEN VROUWENLICHAAM.

HEUPEN, BORSTEN, HALS ETC.

'HIJ SCHIEP DE VROUW', ZEG MAAR.

PAKT LINKERBEEN VROUW OP, RECHTERBEEN EN TILT HAAR STEEDS HOGER.

TILT HAAR GEHEEL BOVEN ZIJN HOOFD.

ARMEN GESTREKT OMHOOG.

BLIK OMHOOG NAAR DENKBEELDIGE, TEN HEMELSTIJGENDE VROUW.

ALS EEN GROOT EERBETOON.

SLOTAKKOORD EN LICHT DOOFT.]

= PAUZE =

[OPZWEPEND BEGINMUZIEKJE KLINKT WEER,
MAAR KOMT VRIJ SNEL TOT SLOTAKKOORD.
HF KOMT OP EN LOOPT NAAR MICROFOON.
TERWIJL HF PRAAT MAAKT HIJ VREEMDE BEWEGINGEN MET HET KRUIS.]

Na de pauze – na de pauze

Ik bedacht net dat ik vooral niet moet vergeten u te bedanken...

O, dit voelt heel onwennig.
Heel apart...

Ja, excuses dat ik zulke onsmakelijke bewegingen maak, maar ik heb vannacht nog een belangrijk feestje in Amsterdam.
En ik wil er wel graag een beetje netjes bijlopen daar in Amsterdam.

Dus ik heb zojuist even m'n scrotum geschoren.

Maar het is wel wennen...

Dat feestje wordt gegeven door een bevriend homo-stel.
En die jongens zijn niet zomaar een béétje homo, nee...: vaklui!
En dan ben je als boerenkinkel uit Almelo toch altijd een

beetje benauwd dat je er niet kinky genoeg bijloopt.
Vandaar.
Maar ja, het is wel noodzakelijk, want Amsterdam is wel het Gordon en Somorra van Nederland…

En Almelo… ja, wees eerlijk:

Almelo

Bestaat er groter armoe,
bestaat er groter pijn,
dan een verfijnde nicht
in Almelo te zijn.

Buren uit de Randstad

Nee, de geboren en getogen Amsterdammer is een wezenlijk ander mens dan de geboren en getogen Almeloër.

Zo is men in Amsterdam nogal lichamelijk en knuffelig met elkaar.
Dat zijn wij in Almelo niet zo.
Mijn vrouw ziet me al aankomen, zeg.

Nee, *east is east and west is west and never the twain shall meet.*
Mijn ouders kregen nieuwe buren.
Mensen uit de Randstad.
En die buren uit de Randstad hadden m'n ouders uitgenodigd voor een kopje koffie en een 'kennismakingsgesprekje.'
Een 'kennismakingsgesprekje'.
M'n ouders wisten niet eens wat het wás!
Dus zij gelijk hartstikke zenuwachtig, of ze het allemaal wel goed zouden doen bij dat 'kennismakingsgesprekje' en vol spanning zetten zij zich neder op het verantwoorde bankstel van de buren.
'Kopje koffie?' vroeg de buurman.
'Doe voor ons geen moeite,' zeiden mijn ouders.
'O, maar het is geen moeite hoor, 't is zo gezet.'
'Doe geen moeite.'
'Nogmaals, het is geen enkele moeite, ik heb zelfs alles al

voorbereid; ik hoef alleen maar het knopje in te drukken en de rest gaat vanzelf.'
'Hoeft echt niet....'
'Oké,' zei de buurman, 'dan niet.'
Even later kwamen mijn ouders thuis, ik vroeg: 'En? Hoe waren de nieuwe buren?'
'Héél aparte lui, we kregen niet eens koffie.'

Maar ik ben zélf een geboren en getogen Almeloër, dus ik weet wel hoe dat werkt.
Die mensen uit de Randstad denken heel afwijkend.
Dat is echt een groot probleem.

Zo denkt men in de Randstad nog steeds dat Almelo dichtgeplakt zit met krantenpapier.
Dat vind ik wel zo flauw...

Almelo dichtgeplakt met krantenpapier...
Wat een onzin!

We weten niet eens wat krantenpapier IS, dus waar práten we over!

East is east

East is east and west is west,
and never the twain shall meet
maar het is in Almelo wel degelijk geschied.

De zaal van de Jehova's staat pal naast de moskee
en tegenover het koffiehuis staat de bus naar Enskedé.

De een leest hier de Koran, de ander een encycliek,
maar hun vaders stonden naast elkaar in de textiel-
   fabriek.

East is east and west is west, and never the twain shall
   meet
maar het is in Almelo wel degelijk geschied.

En de groenteboer heet Blömer
waar de saz wordt bespeeld door Ömer.

Carnaval in Twente

Ik woon niet meer in Almelo.
Ik ben in m'n pauze verhuisd.
Van Almelo naar een buurtschap in Noord-Oost Twente.
Ik zal u de naam van onze buurtschap noemen, onze buurt heet: Ewk'n Es.
Ik vroeg aan m'n buurman toen we er net woonden:
'Hoe heet deze buurt nou eigenlijk?'
En toen zei hij: 'Ewk'n Es.'
'Wat vonnen es?'
'Ewk'n.'
'Ewk'n?'
'Joa, Ewk'n.'
'Kö'j 't ok heel langzaam zegg'n?'
'O, joawa.'
En hij zei: '… … … Ewk'n.'
'Ewk'n?'
'Joa, Ewk'n.'
'Hoo schrief iej dat?'
'Precies zo-a'j 't oetsprekt.
Mer 't steet wa op de kaart.'
Hij liet me de kaart zien en ik las: 'Eulderinks Es'.
'Joa, kiek mer,' zei hij, 'Ewk'n Es.'
En daar woon ik.

En dat bevalt me geweldig.
Almelo was prachtig, maar dit ook.

Om een of andere onduidelijke reden denken veel mensen buiten Twente dat Noord-Oost Twente gereformeerd is.
Ik heb echt geen idee hoe men daar bij komt, want dat is dus helemaal niet zo.
Nee, het is er best wel leuk wonen.
Sterker nog, het is bij ons zelfs bijna honderd procent katholiek.
Het is bij ons zelfs zó katholiek dat ook wij aan carnaval doen.
Maar wel op onze eigen manier.
In Oldenzaal gaat het er nogal flink aan toe maar in de kerkdorpen daaromheen gaat het toch wel behoorlijk op z'n Twents.
Om u een beeld te geven van carnaval in óns dorp: in óns dorp werken we de hele carnaval op vrijdag af, want dan heb je nog wat aan het weekend.

En we hebben ook wel een optocht, met in topjaren wel twee of drie wagens, maar het bouwen van zo'n wagen mag niet te veel tijd kosten en zeker niet te veel geld, want als iets geld kost is de lol eraf en carnaval doe je toch voor de lol.

Vorig jaar hebben we toch een goede carnaval gehad…
Vorig jaar hebben we voor één krat bier een wagen overgekocht van Denekamp, met die wagen hebben wij in ons dorp de eerste prijs gehaald en daarna hebben we

de wagen weer doorverkocht voor zeven kratten bier aan Rossum.
Dat was een tópjaar!

Maar ja, we zijn een klein dorp, dus we hebben wel diverse problemen te overwinnen bij de optocht.
Zo hebben we het probleem dat we in ons dorp geen blaaskapel hebben.
Laat staan een harmonie of een fanfare.
Maar we hebben wel een geheime zender….
En Edwin en Johnny zijn wel bereid om voor één krat bier en vijftien gehaktballen die middag carnavalsmuziek te laten horen op 'Silver Moon'.
We doen dan bij iedereen die langs de route woont een briefje in de bus met het vriendelijk verzoek die middag de ramen open te zetten, de radio in de vensterbank te plaatsen en die af te stemmen op 'Silver Moon', waar Edwin en Johnny dan voor ons, voor vijftien gehaktballen en één krat bier, carnavalsmuziek laten horen.

Dan hebben we nog het probleem… en voor een optocht wel een vrij ernstig probleem…
We hebben in ons dorp maar twee straten.
En die zijn alle twee doodlopend.
Dus de wagens mogen niet breder zijn dan de helft van de straat, want anders kunnen we elkaar halverwege niet passeren.
Maar dat vergroot alleen maar onze Twentse carnavals-

vreugd, want dan worden de wagens ook goedkoper.

Dan hebben we nog het grootste probleem: we hebben eigenlijk geen publiek langs de route.
Totaal niet zelfs.
Maar sinds een aantal jaren hebben we zorgboerderijen... een verrukkelijke uitvinding... voor allerlei zaken inzetbaar... en in een helder ogenblik hebben we in het café voor de zorgboerderijen de dagactiviteit 'carnaval' ingevoerd.
Dus de gehandicapten en de ouden-van-dagen worden stevig met de rolstoel op de handrem langs de route geparkeerd en zo hebben we dan ook publiek langs de route.

Nou, als dat dan allemaal zo georganiseerd is, lopen we eerst de Pastoor Bolsscherstraat op en neer; als dat dan klaar is roepen we naar de vrijwilligers van de zorgboerderijen, in zo hoog mogelijk Nederlands: 'Druk ze maar even naar de Lomanstraat heen...!'
Als ze dan het hele spul naar de Lomanstraat 'heengedrukt' hebben, roepen zij: 'Ja, wij zijn er!' En dan zeggen wij: 'Nou, dan komen we er wel aan...'
Dat hele ritueel van ons dat duurt zo'n twintig minuten... na die twintig minuten kijken we elkaar aan en zeggen: 'Ik geloof dat we nu wel naar het café mogen hè?'

In het café hadden we nog het volgende probleem: we hadden in ons dorp een Limburgse pastoor.
En die Limburgse pastoor heeft geprobeerd in ons Twentse dorp een ietwat meer carnavaleske geest te creëren.
En die pastoor heeft bij ons 'de carnavalsmis' geïntroduceerd.
Wij kenden dat nog niet, maar nu hebben wij ook in Twente een 'carnavalsmis'.
In die carnavalsmis vertelde de pastoor ons dat carnaval ook betekent dat je eens een pilsje geeft aan iemand die je eigenlijk niet zo graag mag.
Met als gevolg dat de pastoor de hele carnaval droog stond…
Want niemand van ons wilde hem de indruk geven dat hij niet geliefd zou zijn!
Nee, het is een prima kerel verder, dus waarom zou je hem een pilsje geven!?
Dat doe je niet…!
Nee, je bent wel Tukker , maar je hebt nog wel enig fatsoen…'

Die pastoor is van ellende weer teruggegaan naar zijn geboortegrond en ik kan me dat wel voorstellen ook.

Lieve boekjes

Dat was dus mijn verhuizing... en dan moet ik u nog bedanken.
Bedanken voor de vele lieve boekjes die u mij in mijn pauze hebt toegestuurd.
Heel hartelijk dank.
Alleen door het gebaar ben ik al enorm opgeknapt.
Boekjes over gezonde voeding... en positief denken... echt ontzettend aardig van u.
Ik heb wat in die boekjes zitten lezen en wat ik vooral geleerd heb is dit: er zijn geen problemen.
Er zijn alleen mogelijkheden.

Dus ik moet niet denken: Hè, wat vervelend, ik heb een probleem.
Nee, ik moet denken: hè, wat vervelend, ik heb een mogelijkheid.
En hoe kom ik van die mogelijkheid af...

Volgens het boekje 'Eet je ziekte weg' kan dat met een ander voedingspatroon.
En dat voedingspatroon moest bestaan uit: bietensap, wortelsap en paardemelk.
Ik dacht: gatverdamme: bietensap, wortelsap en paardemelk...
Dan heb ik, geloof ik, net zo lief geen kanker.

Maar ja, zo'n ziekte krijg je niet ongestraft, dus ik moest er wel aan geloven.
'En,' zo stond nog even nonchalant tussen twee haakjes: 'vanzelfsprekend geen alcohol.'
Toen werd ik even kwaad.
Hoezo 'vanzelfsprekend'?
Wat heeft iedereen toch altijd tegen die lieve alcohol?
'Ja,' stond er, 'teveel alcohol is niet goed.'
Nee, dat snap ik ook.
Van tien liter bietensap knap je ook niet op.

Maar oké, geen alcohol.
Dan geef ik me ook helemaal over, hè: geen alcohol.
Ik hou ook eigenlijk helemaal niet van alcohol.
Ik drink puur op karakter.

En even later zat ik in de keuken, aan de keukentafel, achter drie glazen: bietensap, wortelsap en paardemelk.
Welk een levensvreugd…!
Ik besloot te beginnen met de bietensap.
Na zeer veel pijn en moeite had ik het voor de helft op en toen kon ik écht niet meer.
Ik dacht: dit red ik met geen mógelijkheid!
Dus ik het boekje 'Positief denken' erbij gepakt…
Ik sloeg het op een willekeurige pagina open en ik las: 'Het glas is nooit half leeg, maar half vol.'

Dus, doet u dat toch maar niet meer.
Ik vind het echt ontzettend lief dat u mij die boekjes hebt toegestuurd, maar ik geloof niet dat het iets voor mij is.

En dat geeft toch ook niet? Ik bedoel: de een voelt zich ongemakkelijk in Lourdes en ik heb dat dan bij die boekjes, dat geeft allemaal niks.

Zere vinger

Aanvankelijk was ik ook helemaal niet van plan mijn medische situatie aan uw neus te hangen, maar ik kwam er op een gegeven moment niet meer onderuit.
Een aantal van u had mij namelijk gezien in het ziekenhuis en even later stond in de *Privé* dat ik was overleden.
Echt waar.
Ik nog een kort geding aangespannen tegen *Privé*... verloren natuurlijk...
Ja, dat is heel gek, maar zoiets verlies je dus.
En toen zat er niets anders op dan op m'n website kort te vermelden wat er werkelijk aan de hand is.

En sinds bekend is dat ik íets onder de leden heb weet ik precies wat ú mankeert.
Dat is zó'n grappig fenomeen...
Zo gebeurt het vaak dat als ik alleen door de stad loop, dat er dan iemand op mij af komt die zegt: 'Hé Finkers, kom eens hier.
Je hebt een uitgedroogde vagina, of niet?'
'...eh, nou ja, nee...'
'Jawel, jij hebt iets. Wat heb je precies?'
'...eh, ja, nou, ik heb...'
'Weet je wat ík heb...?
Ik heb een zere vinger.
Zo gek... al maanden heb ik een zere vinger, en de dokter kan níks vinden, gek hè?'

En een half uur later heb ik een half uur staan luisteren naar een verhaal over een zere vinger.
En zo iemand laat ik altijd uitspreken, altijd, want ook hij moet zijn verhaal kwijt.
Heel belangrijk.

Ik heb er ook een liedje over gemaakt.
Het heet:

Zere handjes

Als iemand in tranen vertelt van een pijn,
een pijn nog van vroeger, de jeugd was niet fijn,
omdat pa of ma, zus en zo dee,
denk dan vooral niet:
dat valt toch wel mee...?

Want iedereen voelt zijn eigen verdriet,
dat is een grondrecht, vergeet u dat niet.

Ik liep als kleuter in een andere straat.
Een jongetje daar werd daarom heel kwaad.
Hij gaf me een klap en jammerde weer,
want door mijn schuld deed zijn handje nou zeer.

Iedereen voelt zijn eigen verdriet,
dat is een grondrecht, vergeet u dat niet.

Ik had een meisje maar merkte al gauw:
te pas en te onpas was zij mij ontrouw.
Ik maakte het uit, ze wenste me aids,
ze gilde en schreeuwde en haat me nog steeds.

Iedereen voelt zijn eigen verdriet,
dat is een grondrecht, vergeet u dat niet.

Ik gaf aan vrienden mijn liefde en geld,
totdat ik failliet ging, door ziekte geveld.
Die vrienden, ik had ze gegriefd en gekwetst.
Want zo was hun toekomst door mij niet geschetst.

Iedereen voelt zijn eigen verdriet,
dat is een grondrecht, vergist u zich niet.

Vrienden van de schouwburg

Misschien een wat droevig liedje, maar ik heb er wel een
verklaring voor.

Ik ben in mijn pauze vrienden kwijtgeraakt.
Of beter gezegd, ik ben illusies kwijtgeraakt.
Ik had de illusie dat ik deel uitmaakte van een hechte
vriendenclub.
Die vriendenclub had ook een naam.
Ze noemde zichzelf: 'Vrienden van de schouwburg.'
Ik werd benaderd door 'Vrienden van de schouwburg'
met de vraag of ik ook 'vriend' wilde worden.
Ik zei 'Tuurlijk, ik ben graag een vriend, en gelijk met
een hele club bij elkaar… prachtig toch?'
Aanvankelijk was het ook prachtig, we hadden geregeld
bijeenkomsten waar een harmonieuze sfeer hing en
waar uitsluitend vertogen woorden vielen.

Tot ik op een dag een rekening in de brievenbus vond
voor mijn vriendschap.
'Financiële bijdrage vriend' stond erop.
Ik dacht: Ho!
Als ik mezelf donateur van de schouwburg noem en ik
maak nooit een keer een bedrag over naar de schouwburg, dan ben ik een donateur van niks.
Maar als ik mezelf vriend van de schouwburg noem
omdat ik m'n vriendschap heb gekócht, dan ben ik het

woord 'vriend' niet waard.
Dus ik heb principieel geweigerd te betalen.
Zou u ook moeten doen.
Niet vanwege de schouwburg, maar vanwege het woord 'vriend'.
Dat is al voldoende gedegradeerd.

Dus ik heb niet betaald en toen kreeg ik aanmaning na aanmaning.
Onder de laatste aanmaning stond zelfs met de hand bijgeschreven: 'Je bent toch een vríend...!'
Ik geloof dat ik me nog nooit zo bedreigd heb gevoeld!

Maar ik heb níet betaald.
En toen werd ik geroyeerd als 'vriend'.
En, lieve mensen, ik heb er een versje van gemaakt.
Het versje heet:

Een vriend I

Het is blijkbaar nodig dat je stil en oprecht,
geregeld betaalt, en het liefst niet te slecht.
Pas als het zo is dat eraan je wordt verdiend,
pas dan mag je zeggen: 'Ik ben een vriend!'

Een vriend II

Een vijand is niet zo erg.
Een vijand kun je nog wel aan.
Maar als een vriend gaat slaan…

Een vijand, heb hem rustig lief.
Vergeef hem alles, want hij weet niet wat hij doet.
Maar een vriend beseft alles donders goed.

Een vijand slaat je, daar is hij vijand voor.
Je geeft hem nog een wang, je voelt je heilig
en het leven gaat wel door.

Een vijand doet waar hij voor staat,
het is je vriend die je verraadt.

Je bent bedroefd tot stervens toe
en Petrus' ogen worden moe.
Terwijl je bloedt uit pure angst
is je apostel nog het bangst.

Als je ter dood veroordeeld bent
dan zegt hij dat hij jou niet kent.
En hang je stervend aan het kruis
dan blijft hij angstig in zijn huis.

En wil je schuilen voor gevaar
dan heeft hij snel een smoesje klaar.
Want ja, ook hij heeft een gezin
dus nee, je kunt er echt niet in.

Hij sluit zijn deur weer razendsnel
en zegt: 'Je snapt het zeker wel.'
Wanneer je aan het hachje komt,
is de vriendschap snel verstomd.

Maar een vijand is altijd trouw.
Een vijand hecht zó aan het leven van jou
dat hij graag het zijne geeft
als hij het jouwe daar mee heeft.

Hij gordt zich om met dynamiet
want om zijn eigen geeft hij niet;
hij blaast zich op zonder berouw,
dat doet hij allemaal om jou.

En op je executieplek
is ook een vijand niet zo gek;
hij is bekommerd om je lot
je krijgt van hem 't genadeschot.

Dus, daarom: wil jij m'n vijand zijn?
Ik heb iets nodig waar ik werkelijk op kan bouwen.
Een iemand die ik altijd kan vertrouwen.

En doe je dan toch nog onverwacht
iets dat ik van mijn grootste vijand
nimmer had verwacht, dan zeg ik: 'Zo hé...
wat val jíj mij ontzettend mee.'

Want een vijand is tot daar aan toe,
maar een vriend, je wenst het
je ergste vijand nog niet toe.

Typetje

Daomes en heeiruh,
'k heb effu noa zittuh denkuh...
Ik heb zeuvuh jaoar naoa zittuh denkuh...
en naoa die zeuvuh jaoar ben ik tot een saurtement van
Keklusie gekaumuh.
Ik ben tot de conclusie gekaumuh dat ik zo'n beitje de
einige cabaretier in heil Neiderland ben, die nog nauit
een keer in z'n leivuh 'n keer een typetje gedaan hep.

Nâu, verder naoa zittuh denkuh,
weer tot eein keklusie gekaumuh...
En ik had zo bedach, dat 't wel aoardig zau weejzu,
as ik auk es keir 'n uh, ...typetje zau doen.

Ik weir naoadenkuh, weir tot een keklusie gekaumuh...
en ik had zo bedach, als typetje te neimuh:
een man, euit het Austuh des Lands,
met 'n baibehaurende, desbetreffende tongval,
die eh, enkele aiguhgemaakte gedichies gaoat eh, vaur-
draoaguh.

Daoames en heiruh, hier komt main tiepetje:

[ALS HERMAN FINKERS]
Ik heb wat gedichtjes geschreven...

Toon Hermans zou zeggen: 'versjes',
en dat vind ik eigenlijk een bijzonder sympathieke term
die ik graag wil overnemen.
Dames en heren, ik laat u enkele van mijn versjes horen:

Versjes

Mijn eerste versje gaat over normen en waarden.
Een lastig onderwerp in deze kabinetsperiode, maar ik
ben er, dacht ik, vrij christelijk uitgekomen.

Normen en waarden

'Ik masturbeer keer op keer,'
zong op de radio een vrouwencabaret.
Ik dacht: 'Ho! Hier hou ik niet van.'
En heb de radio wat harder gezet.

Late roeping

Toen het macrobiotische meisje
tijdens haar stage
bij het welzijnswerk in Tubbergen
hoorde dat de plaatselijke pastor
voor hij als late roeping
naar het seminarie ging
bij de commando's had gezeten,
riep het vol afgrijzen uit:
'O nee…,
dan hebt u geleerd te doden?!'
De priester keek dromerig voor zich heen en sprak:
'Geruisloos en effectief.'

Oom Kees

Toen Oom Kees was overleden,
hij was gestorven moederziel alleen,
mocht ik van zijn boeken nemen
wat ik maar zou wensen.
Ik vond er één:
'Zo maak ik mij geliefd bij vele mensen'.
Het cellofaantje zat er nog omheen.

Proat op de boer

'He'j 't a heurd Annie?
Pestoor biej oons in 't doarp
möt homo ween.'
Annie zuchen en zear:
'Means, wat maakt' oet?
Hee hoof toch nich te helpen melken?'

In Paradisum

Ik droomde van ons Pa die nog maar pas was overleden.
Ik vroeg hem hoe het dood zijn tot op heden was
 bevallen:

'O, wa best,' zei hij,
'wie hebt hier ne reisleidster kreeg'n
en dee juffrouw möt oons hier rondleid'n,
mer ik help eer wa 'n betke
want 't meanske kump der alleen nich oet.'

Pa was, naar hij zei: 'goed te pas'
en ik was blij…
Blij dat hij niets was veranderd.

Goocheltaal

[ZINGT:]

In Paradisum deducant te Angeli, in tuo adventu suscipiant te martyres. Et perducant te in civitatem sanctam Jerusalem.

zong ik een keer in de woonkamer.
'Wat zing je daar nu eigenlijk?' vroeg m'n vrouw.
Ik zei: 'Wat ik hier letterlijk zing is: mogen de engelen u geleiden naar het paradijs en de martelaren u ontvangen bij uw komst.'
'Nou, zeg, wát een tekst!'
'Wat nou, wát een tekst?'
'Is toch verschrikkelijk,' zei ze, 'ben je in de hemel, ja? En dan staan de martelaren al klaar!'
'Nou, dat is toch mooi?'
'Mooi?
Dat is helemaal niet mooi.
Word je wéér gemarteld!'

'Nee, een martelaar is niet iemand die martelt...
Een martelaar is iemand die gemarteld wórdt.'
'Tuurlijk niet,' zei ze.
'Een gijzelaar is toch ook niet iemand die gegijzeld wordt, maar iemand die gijzelt?'
'Welnee, dat is een gijzelnémer.
Een gijzelaar is iemand die gegijzeld wórdt.'

Zij: 'Niks van waar...'
Ik: 'Wel van waar.'
Zij: 'Niks van waar...'
Ik: 'Wel van waar.'
Enzovoort.

Afijn, de Dikke Van Dale erbij gepakt, om te kijken wie van ons twee gelijk had, en wat blijkt?
Je houdt het niet voor mogelijk, maar zowel martelaar als gijzelaar kunnen de beide, tegenovergestelde betekenissen hebben!
Toen dacht ik echt: nu spreek ik geen Nederlands meer. Wat heb je dan nog aan je Nederlandse taal, als een woord niet alleen van alles kan betekenen, maar zelfs het tegenovergestelde kan betekenen.
'Martelaar', 'gijzelaar': dan heb ik misschien al die tijd ook wel een compleet verkeerd beeld gehad van... ja, ik noem maar wat: een kietelaar.
'Nou,' zei m'n vrouw, 'dat zou nog wel eens heel goed kunnen...!'
Ik zei: 'Ja, dat denk ik ook.
Dat een kietelaar dus helemaal niet iets is dat gekieteld wordt, maar dat zelf iets anders kietelt.'
'Ja,' zei ze, 'maar dat is toch ook zo?'
'Pardon?'
'Ja, dat is zo.
Want: de kietelaar kietelt mij geregeld.'
'Ja, ja op die manier...

Maar: hij wórdt ook wel eens gekieteld...!'
'Kan ik me zo één, twee, drie niet herinneren,' zei ze.

Ik heb eens verder zitten bladeren in die Dikke Van Dale en wat blijkt?
Dit soort rare dingen vind je in onze Nederlandse taal te onpas en te pas.
Maar dan in een willekeurige volgorde.
Dat komt: als een uitdrukking maar lang genoeg verkeerd gebruikt wordt, komt hij vanzelf in de Dikke Van Dale terecht.
Vooral wanneer bekende Nederlanders dat doen.
Johan Cruijff... is een bekende volkssporter...
Volkssport is er altijd al geweest, in diverse vormen...
Als Johan Cruijff niet nu, maar tweeduizend jaar eerder had geleefd, dan was hij geen bekende voetballer geweest, maar een bekende gladiator....
Dan was Johan Cruijff de arena ingelopen en dan had Johan geroepen: 'Hun, wie sterven gaan, groeten u.'
En dan hadden we nu op de gymnasia heel andere citatenboekjes gehad.

Dus de ontwikkeling van taal is een kwestie van reactie-actie.
Maar dan ook weer in een willekeurige volgorde.
Die is heel belangrijk, die willekeurige volgorde.
In de Tweede Kamer hoor je de Nederlandse taal op haar willekeurigst.
'Meneer de voorzitter, het is allesbehalve onjuist dat ik ontkend heb dat ik niet tegen het verbod op het embargo ben.'
'Kunt u dat herhalen?' bromt de oppositie, en wederom klinkt het: 'Het is allesbehalve onjuist dat ik ontkend heb dat ik niet tegen het verbod op het embargo ben.'
Want je kunt van Balkenende zeggen wat je wilt, maar hij stáát voor wat hij beter niet had kunnen zeggen.

Maar het ergste vind ik dat dat allemaal in onze Dikke Van Dale terechtkomt.
Dat vind ik zó jammer.
Blader er maar eens in, je vindt dit soort rare voorbeelden te keur en te kust.
Ja, te keur en te kust, je moet ze wel even in de juiste volgorde zetten.
Dat moet u wel doen, in de juiste volgorde zetten, want ze zeggen wel dat ík voortdurend de dingen omdraai, maar dat is helemaal niet waar.
Ik heb nog nooit in mijn programma's dingen omgedraaid.
Ik draai alleen maar rare dingen in de taal terug.

Want omdraaien op zich is geen kunst.
Nee, dat kan iedereen wel: 'Omdraaien wel alles kunt je.'
Als je 'Omdraaien wel alles kunt je' omdraait, dan krijg je 'Je kunt alles wel omdraaien.'
Ook weer die volgorde.... Ziet u hoe ontzettend belangrijk die is...?

Kunt u mij nog volgen eigenlijk?
Ik heb niet echt de indruk, weet u dat?
Nou, ik moet eerlijk zeggen, ik kan mezelf ook amper volgen.
Daarom is voor mij schrijven ook altijd twijfelen.
Voor mij geldt: schrijven is twijfelen.
Je hebt schrijvers voor wie dat níet geldt...
Ik sprak een keer Harry Mulisch... en Harry Mulisch zei tegen mij: 'Weet u, soms heb ik een zin geschreven, en als ik die zin teruglees dan denk ik: nee, dit heb ík niet geschreven, dit heeft Gód geschreven.'
Ik vroeg hem: 'Hoe weet u nu zo zeker dat u dat niet geschreven heeft, maar God?'
En toen zei hij: 'Ik schrijf beter.'

Maar voor de meeste anderen geldt: schrijven is twijfelen.
Soms wordt er met de Nederlandse taal gegoocheld op een manier waarvan ik zeg: 'Ja, maar dat vind ik dan toch wel weer móói.'
Zo zei m'n vrouw laatst: 'Herman, je moet een zekere

Elke Scholten terugbellen.'
Ik zei: 'Welke Scholten?'
'O, dat maakt niet uit,' zei ze.
'Hoezo, dat maakt niet uit?
Dus elke Scholten is goed?'
'Elke Scholten, helemaal goed.
Niks meer aan doen.'
Dat vind ik dan wel weer een grappig gegoochel met de taal.

Maar meestal wordt er op een vreselijke manier met de Nederlandse taal gegoocheld.
Zo zie je in de Dikke Van Dale zonder blikken of blozen staan – en ik vind dat echt schandalig – één kind, twee kinder-en.
En twee eier-en.
Maar het is eigenlijk: één kind, twee kinder.
En twee eier.
Zoals het in elke fatsoenlijke Nederlandse streektaal van Noord-Groningen tot in Zuid-Limburg nog steeds zo is.
Maar een van de jongste en hardnekkigste dialecten van Nederland, het Algemeen Beschaafd Nederlands, heeft dat tot een dubbel meervoud weten te goochelen: kinder-en en eier-en.

En: kinder-en, dat gáát dan nog wel... maar 'kids'...
Ja, sorry, ik heb iets met: 'kids'.
En dat ligt echt aan mij, want u gebruikt het allemaal,

dus u vindt het waarschijnlijk allemaal schattig, maar ik heb een probleem met 'kids'.

Als men tegen mij zegt: 'We komen vanmiddag even langs met de kinder,' dan denk ik: gezellig.

Zegt men: 'We komen langs met de kinder-en' dan denk ik: nou ja, vooruit dan maar...'

Maar zegt men: 'We komen langs met de kids...' dan word ik bang.

Gek hè, het zijn dezelfde lieve kinderen, maar dan word ik toch bang.

Puur een kwestie van taal.

We hebben een bevriend stel, dat heeft maar liefst vijf 'kids'.

Doodeng!

Papa heeft zich onlangs laten helpen, want hij vond meer dan vijf 'kids' een te groot gezin.

Terwijl ik één vrouw vaak al een te groot gezin vind.

En dan heb ik ook nog 's een heel zelfstandige vrouw, die haar eigen dopjes boont.

Dat vind ik bijzonder knap van haar want de meeste vrouwen kunnen dat alleen andersom.

Maar mijn vrouw niet hè, mijn vrouw boont haar eigen dopjes.

En nóóit in een willekeurige volgorde...

[OP BAND HOOR JE 'N STUKJE VAN HET GREGORIAANSE IN PARADISUM, GEMIXT MET MIDDELEEUWSE DANSEN IN DEZELFDE KERKTOON.]

Mooi hè!
Dit is een antifoon uit de gregoriaanse dodenmis.
Het wordt gezongen als het lichaam weer de kerk uit wordt gedragen.
Je hoort het steeds minder vaak.
Sterker nog, onlangs was in het nieuws dat inmiddels meer dan de helft van de Nederlandse begrafenissen en crematies in Nederland eindigt met een uitbundig feest.
Dat kan heel goed, vind ik.
Ja, waarom zou dat niet kunnen?
Maar... dat vind ik ook: het kan ook heel anders:

Mijn laatste eer

Voor mij geen feestje in de IT,
geen rondvaart met een boot.
De dag dat ik begraven word:
respect graag voor de dood.

Geen zangers met hun laatste hit,
geen champagne met een toast.
De dag dat ik begraven word,
wordt op het sterven niet geproost.

Geen rouwclown of rode mist.
Geen flesjes whisky in m'n kuil.
De dag dat ik begraven word:
alleen wat kraaien en een uil.

Verbloem niks met een witte kist,
laat alles zien, raak maar verward.
De dag dat ik begraven word:
zo in de kuil en alles zwart.

En brullen zullen jullie, janken van verdriet.
Omdat je niet weet wat je moet, nu je mij nooit meer ziet.
Kramp in je lijf, overal pijn, want je weet dat je nooit
    meer blij kunt zijn.
Met je beide wangen nat, je ogen rood.
En als je dat niet doet: dan ga ik mooi niet dood.

Het mooie van Twente is dat je daar niet doodgaat.
Je komt 'uit de tijd'.
'Hee is oet de tied kömmen.'
Een uit-de-tijd-gekomen Twentse dichter schreef de volgende regel:

Zo langzaam als je kunt *

'Psychologen hebben aangetoond:
als je erg langzaam schrijft,
heel erg langzaam,
krijg je het handschrift uit je kindertijd.

Probeer het maar.
Schrijf maar zo langzaam als je kunt:
i k   g a   n a a r   h u i s .'

* Tekst: Willem Wilmink

Lieve dode dichter

Lieve dode dichter, in je kistje onder glas,
nu je uit je pijn bent, zie ik je pijnen pas.

Je moest leven met de tijd
die zich steeds verder sloeg,
van de warmte en de liefde
van oude straat en bruine kroeg.

Je bleef altijd die jongen
met zijn arm tegen de muur
van die warme Twentse kerk
na het hete middaguur.

Verwonderd vroeg je daar:
'Is Jezus een gedicht?'
De kapelaan vond je brutaal
en sloeg je in 't gezicht.

Want de tijd is een wereld
waarin schrijvers het bestaan
meisjes te beschrijven
met de sterren en de maan.

Je riep vaak woedend naar zo'n pummel
die níets om meisjes geeft,
dat je zo'n schoonheid beschrijft met
de geur die om haar sokken zweeft.

Lachend keek men dan
die malle Wilmink aan.
Het jongetje trof telkens weer
die oude kapelaan.

Lieve dode dichter, in je kistje onder glas,
nu je uit je pijn bent, zie ik je pijnen pas.

Je wou van nu naar Sint Brandaan,
maar de tijd wou niet weerom.
Nu je uit de tijd bent
kun je eindelijk andersom.

> [OP BAND STEM WILLEM WILMINK: 'IN HET TWENTS ZEG JE OOK,
> ALS IEMAND DOOD IS: "HIJ IS UIT DE TIJD GEKOMEN."
> "HEE IS OET DE TIED KÖMMEN."']

Noe bi'j oet de tied Wilm,
Noe kö'j aansum.

Monogaam en polygaam

Ik heb dus zeven jaren achtereen niet opgetreden.
Maar in die periode heb ik wel interviews gegeven.
En ook door die interviews heb ik kennis kunnen nemen van de Tijdgeest.

Zo had ik een keer een interview met een zogeheten 'kwaliteitskrant'.
En ik weet nog dat ik van tevoren dacht: ach, wat mooi, een kwaliteitskrant.
Maar die kwaliteitskrant vroeg me heel plompverloren, compleet uit het niets: 'Heb je wel eens onveilige seks gehad?'
Ik zei: 'Pardon?'
'Of je wel eens onveilige seks hebt gehad.'
Ik zei: 'Wat een rare vraag.'
'Nee hoor, dat is tegenwoordig een heel gewone vraag. We leven niet meer in de middeleeuwen...
Maar laat ik hem anders stellen: ben je monogaam of polygaam?'
'Tja...
Ben ik monogaam of ben ik polygaam...

Dus...

Ik vind dat een vrij lastige vraag, meneer.
Jawel, want de kapelaan leerde ons vroeger: er is maar

één God...
En Hij bestaat uit drie personen...
En zo is het met de liefde eigenlijk ook een beetje.
Er is voor mij maar één vrouw...
En toch bestaat ze ergens wel uit meerdere personen.'
'Aha, dus je bent polygaam?'
'Nou... in gedachten hoereer ik heel wat rond, maar in de praktijk, als het Puntje bij het Paaltje komt, bak ik er niks van.
Dan zou ik wel willen, maar m'n hele lichaam blokkeert en weigert dienst.
Dus de kapelaan had ook gelijk toen hij zei: "De geest is gewillig, maar het vlees is zwak."'

De interviewer moest er ook even over nadenken en toen zei hij: 'Ja, dan ben je dus toch monogaam.'
'Nou, principieel niet...
Maar uiteindelijk is toch het mooiste wat je als man in het leven kan overkomen: een vrouw ontmoeten waarvan je zegt: dat ís 'm!
Met haar breng ik de rest van mijn leven door, andere vrouwen bestaan er niet meer voor mij.
Dat is echt het mooiste wat je als man kan overkomen.
En ik ben een enorme bofkont, want het is mij al honderden keren overkomen.'

Maar ja, ik ben dus wel getrouwd... en dan ontwikkel je een bepaald soort verstandige houding hierin.

Zo zat ik laatst in een kleedkamer van een theater, toen er vlak voor aanvang op mijn kleedkamerdeur werd geklopt.
Het bleek een vrouwelijke collega van me te zijn, die die avond in de andere zaal stond.
Ze zei: 'Herman, ik moet zo dadelijk op, maar ik ben hevig aan de diarree, zwaar ongesteld en ik heb een joekel van een blaasontsteking.
Heb je misschien een stevige herenonderbroek voor mij te leen?'
Op zo'n moment gaat er bij mij onmiddellijk een alarmbelletje rinkelen dat zegt: 'Kijk uit Herman, dit kan een verleidingstruc zijn!
En je bent wél getrouwd meneer...!'
En áls je getrouwd bent... én rijk... én beroemd...
Ja, dan gaat het nog wel.
Maar als je dan ook nog 's humoristisch bent en woest aantrekkelijk...
Dan komen de dames wel op je af.
Het gebeurt ook wel eens dat een dame handtastelijk wordt.... Ik laat haar ook altijd wel even begaan...
Maar tót een bepaalde hoogte, hè.
Dan zeg ik: 'Sorry mevrouw, ik ben getrouwd!'
Want laatst was er één die wilde beginnen met het naspel, ik zei: 'Sorry dame, ik ben getrouwd!'
Toen zei ze: 'Ja, maar ik bén je vrouw!'
Het is wel lastig als je geen gezichten kunt onthouden.

Mijn laatste verleiding kreeg ik gistermiddag te verwerken...
Ik zat in een klein cafeetje waar een dame naar me toekwam met een blik in d'r ogen waarvan ik onmiddellijk wist: dit kan maar één ding betekenen.
Het was een vrouw van míjn leeftijd, maar ze kleedde zich nog altijd jeugdig.
En haar naveltruitje ontblootte geraffineerd een klonterige pap.
Dus de verleiding was te doen, maar als bij een vrouw de leeftijd toeneemt, wordt haar geraffineerdheid ook groter en ze liet me de rug van haar hand zien.
'Zie je die vlekjes?' zei ze.
Ik zei: 'Ja, die zie ik wel heel duidelijk ja.'
'Weet jij wel wat voor vlekjes dat zijn?'
Ik zei: 'Ik heb geen idee... Ouderdomsvlekken?'
'Nee,' zei ze, '... eh, toe...'
'Lijkvlekken?'
'Nee, dat zijn schoonheidssproetjes!'
'O ja, nu weet ik het weer: schoonheidssproetjes...! Prachtig.'
'Ja? Vind je ze mooi?'
'Mevrouw, ik vind ze geweldig.'
'Echt waar?
Ik heb ze over mijn hele lijf.
Ik woon hier vlak in de buurt, als je met me meeloopt, laat ik ze je allemaal zien.'

Ik dacht: wat een schreeuwend contrast met vroeger! Noch als puber, noch als adolescent lukte het mij een meisje te krijgen....
Avond aan avond zat ik eenzaam op m'n studentenkamer met een diep, diep verlangen mijn vriendin te troosten.
Maar ik had geen vriendin en bovendien was die niet verdrietig.
Nog heb ik, dat als ik jongelui van tussen de 15 en de 25 jaar op straat zie zoenen, dat ik denk: ach, kijk toch 's, Herman, weet je nog?
Das war keinmal.

Achteraf denk ik dat ik best wel meisjes had kunnen krijgen.
Ik kan me althans wel een paar situaties uit die periode herinneren waarin ook wel een meisje naar mij toekwam met eenzelfde blik in de ogen als die mevrouw met de schoonheidssproetjes.
En ook als jongeling dacht ik al: Herman, zoals dat meisje naar je kijkt... Dat kan maar één ding betekenen...!
Maar ja... wát?!'

'Dus,' rondde de interviewer het onderwerp af, 'uiteindelijk heb je in je leven alleen je vrouw bekend.'
Zoals dat zo mooi Bijbels heet.'
Ik zei: 'Nou ja, ik heb in mijn leven natuurlijk wel meerdere vrouwen gehad.'

'Ach kom,' zei mijn vrouw, die net de kamer binnenkwam, 'jíj meerdere vrouwen gehad?
Toen je mij leerde kennen heb je zegge en schrijve één vriendinnetje gehad.'
Ik zei: 'Nou! Samen met jou zijn dat op de kop af méérdere vrouwen.'

Dus om kort te gaan, monogaam of polygaam…
Ik vind het een vrij lastige vraag, die ik het liefst wil beantwoorden met een versje:

Mijn promiscuïteit

De een ligt liever links,
een ander liever rechts.
De een heeft tien orgasmes,
een ander eentje slechts.

De een maakt veel kabaal,
een ander doet het stil.
Het is mijn éigen leven:
ik droom zoals ik wil.

Nader tot Haar

Ik droomde van m'n vrouw,
we lagen dicht bij elkaar in ons bed
in die droom die ik al dromende
voor waar hield.

Toen werd ik wakker naast m'n vrouw,
we lagen dicht bij elkaar in ons bed
en de droom leek iets dat mij alleen maar
ver van haar hield.

Ooit mag ik dood, dan word ik opnieuw gewaar
dat ik aan 't ontwaken ben,
wéér minder aan 't dromen ben,
dichter nog bij haar gekomen ben
dan toen het leven me, als een droom,
ver van háár hield.

Als een lied dat je eindeloos zingt en dat telkens weer
meer als nieuw klinkt.

> [NU MET BEGELEIDING VAN EEN HELE BAND.
> EEN VROUWENSTEM KLINKT:
> 'HET WORDT ALLEEN MAAR BETER,
> HET WORDT ALLEEN MAAR BETER…']

Ik droomde van m'n vrouw,
we lagen dicht bij elkaar in ons bed
in die droom die ik al dromende
voor waar hield.

Toen werd ik wakker naast m'n vrouw,
we lagen dicht bij elkaar in ons bed
en de droom leek iets dat mij alleen maar
ver van haar hield.

Straks mag ik dood, dan word ik opnieuw gewaar
dat ik aan 't ontwaken ben, [LICHT WORDT TOTALER]
wéér minder aan 't dromen ben, [WORDT NÓG TOTALER]
dichter nog bij haar gekomen ben [ETC.]
dan toen het leven me, als een droom,
ver van háár hield.

[JE ZIET SILHOUET VAN EEN VROUWEN-GESTALTE MET LANG HAAR.
HET ZOU BIJ WIJZE VAN SPREKE DE H. MARIA KUNNEN ZIJN.
JE HOORT EEN VROUWENSTEM:
'ZIE JE WEL, HET WORDT ALLEEN MAAR BETER.']

Slotmonoloog

En zo zat ik ook een keer in een ander interview – voor een of ander tv-programma – tegenover een man, en die man was nogal rationeel ingesteld.
Dat hij compleet knettergek was wil ik nog niet zeggen, maar het scheelde ook weer niet veel.
En deze nogal rationeel ingestelde interviewer vroeg me: 'Geloof je dit nou allemaal, Herman, wat je hier zojuist zong?'
Ik dacht: ja, geloof ik dat nou allemaal...
Weet ik niet...
Wat moet je nu met zo'n vraag, hè?
Die vraag deed me eerlijk gezegd een beetje denken aan wat er gebeurde toen mijn ouders voor het eerst naar een ouderavond gingen: 'En? Hoo geet' met oons Herman op skool?'
'Nou, uw Herman heeft een sterke fantasie.
Maar maakt u zich niet ongerust, dat krijgen we er nog wel uit.'
Ik zat, moet u weten, in Almelo op een rooms-katholieke jongensschool.
En op die rooms-katholieke jongensschool werden we doodgegooid met dogma's.
Het dogma van: '1 + 1 = 2...'
Het dogma van: 'iets is in wezen niets anders dan...'
'Een boom is in wezen niets anders dan een zuurstoffabriek.'

Die zuurstoffabriek benauwde mij en verstikte alle poëzie.
Tot op een dag de kapelaan in de klas kwam:

De kapelaan vertelde ons: 'Er is maar één God... en Hij bestaat uit drie personen. '
Ik dacht: goddank, eindelijk iemand met wie je fatsoenlijk kunt praten.
Want tot dan toe had ik op school maar één interessant verhaal gehoord.
Dat was het verhaal van de drie musketiers, want die waren met z'n vieren.
Dat was een verhaal met Ruimte.
Maar de kapelaan barstte van de verhalen met Ruimte.
Zo zei hij: 'God is het begin van alles....
Voor God was er niets....
En Maria is zijn Moeder....!'
Het was of mijn dichtgeknepen keel weer open ging en ik weer mocht ademhalen.

De kapelaan had ook heel andere verhalen over een boom, hij had het niet over een zuurstoffabriek, hij had het over de boom van het Leven...
De boom van Kennis van Goed en Kwaad...
De boom van de Zondeval en de boom van de Verlossing...
Kortom, een boom was weer: In Wezen Alles.

'Tja,' zei de nogal rationeel ingestelde interviewer, 'dat

zijn natuurlijk fantastische sprookjes, maar ze zijn natuurlijk niet waar.'
Maar wat is waar?
Het oog ziet niet wat op het netvlies valt....
Het oor hoort niet wat het trommelvlies doet trillen....
Het ziet en het hoort wat in het hart ligt.
En fijnzinnigheid is altijd waar.
Kwetsbaarheid...

> [STRIJKT MET HAND OVER RECHTERZIJDOEK.
> EEN WATERGOLVEND LICHTEFFECT VERSCHIJNT.]

is ook altijd waar.
Lelijkheid en lompheid zijn een dagelijkse werkelijkheid maar... een werkelijkheid.
Nóóit de waarheid.
En de werkelijkheid verdwijnt,

> [DOET HETZELFDE MET HET LINKERZIJDOEK.]

de waarheid blijft.
En het is de Dood die de Waarheid bréngt.

'De Dood?' zei een zanger aan dezelfde tafel gezeten,
'Die bestaat wat mij betreft niet.'
'En mijn dood,' zei naast hem een schrijver die nooit twijfelt, 'moet eerst maar eens wetenschappelijk worden bewezen.'

Ik was verbijsterd.
Hoe kun je nu zó je trouwste vriend verloochenen?
Je vrouw kan je verlaten, je kameraad kan je verraden, maar de Dood heeft nog nooit iemand vergeten of verlaten.
Denk daarom niet té onaardig over de dood, hijzelf is zo kwaad nog niet.
Hij is een gevoelig jongetje, dat houdt van dansen en van kunst.
Hij is je uiteindelijke minnaar, die het laatste bed met je deelt.
Soms is hij in zijn liefkozingen wat onbeholpen en daardoor onbedoeld wreed.
Vooral wanneer iemand zó prachtig is dat de Dood zich niet meer kan beheersen en te vroeg komt.
Maar hij heeft dat niet zo gewild en lijdt zelf ook.
Hij lijdt zelf ook.
Ga daarom stijlvol met hem om.
Als je losjes met hem danst, verandert elke dag in kunst.

'Kunst is, dat je leeft alsof je nooit doodgaat,' zei de schrijver-die-nooit-twijfelt.
Anders had hij het wel in een willekeurige volgorde gezegd:
kunst is dat je dood gaat alsof je altijd blijft leven.

En het is ons al eens voorgedaan.
'O, wat vreselijk,' jammerden de apostelen, 'onze rabbi is

dood.'
'Och,' zei Maria Magdalena, 'dat gaat wel weer over.'
Want ook in geloof zijn vrouwen sterker dan mannen.
En inderdaad, even later liep Hij er wel weer.
'O mijn God,' zei Thomas, 'U bent herrezen!? hoe is dat mogelijk...!'
'O,' zei Christus, 'je moet even over het dode punt heen, dat is alles.'

En dan...?

> [EEN KLOK DIE GAANDEWEG HET VERHAAL IS GAAN TIKKEN, HOUDT PLOTSELING OP.]

Na dat dode punt?

Als je uit de tijd gekomen bent...?
Als niets meer op je netvlies valt, en niets meer je trommelvlies doet trillen?
Wat dan?
Ben je dan op die plek aangekomen waar altijd je goede been wordt geamputeerd?

Daarboven in de hemel

Ik ben een man van wetenschap, van feiten en zo meer.
Als iets niet is bewezen geloof ik het niet zozeer.
Als men glashard aan kan tonen dat ik me vergis,
pas dan zal ik geloven dat er geen hemel is.

Ik zat in een tv-program, een soort van kruisverhoor.
Men vroeg me daar: 'Zeg Herman, één ding heb ik niet
   goed door:
jij hebt toch HBS gehad? Dat is geen kattepis.
Hoe kun je dan geloven dat er een hemel is?'

Ik zat in een tv-program en 't ging nog verder mis.
Er werd me haarfijn uitgelegd hoe ik me vergis:
'De hemel is iets achterhaalds, er wacht ons boven niets.
De hemel, wees nou eerlijk, is een verzonnen iets.'

'De veertigste van Mozart en de liedjes van Jacques Brel
zijn ook ooit verzonnen,' zei ik, 'toch bestaan ze wel.
Iets kan zijn verzonnen en daardoor juist bestaan.
Dat soms iets niet verzonnen is, neemt men zomaar
   aan.'

Dit lied is ook verzonnen en hoor hoe het bestaat.
Ik zing het graag omdat daarmee de hemel opengaat.

Dus, daarboven in de hemel zien wij elkander weer,
daar drinken wij een glaasje met Onze Lieve Heer.
Ook hij die nooit geloofde heft daar met ons het glas
en kan dan maar niet geloven dat hij ooit op aarde was.

Daarboven in de hemel zien wij elkander weer,
daar maakt Andries Knevel ruzie met de Heer:
'Zoals 't er hier aan toe gaat,' zegt hij, 'strookt niet met
   de leer.'
'Dat klopt,' zegt God, 'en daarom heerst er hier zo'n
   fijne sfeer.'

Daarboven in de hemel zien wij elkander weer,
daar drinken wij een glaasje met Onze Lieve Heer.
Ook hij die nooit geloofde heft daar met ons het glas
en kan dan maar niet geloven dat hij ooit op aarde was.

Daarboven in de hemel…

EINDE VOORSTELLING

ET NESCIO QUID HIC SCRIPTUM EST

Colofon

Na de pauze van Herman Finkers werd in de zomer van 2009 in opdracht van Uitgeverij Thomas Rap te Amsterdam gedrukt bij Koninklijke Wöhrmann te Zutphen.

© Herman Finkers, Beuningen Ov

Ontwerp: Wietske Lute, de Brigade
Foto omslag: Onstagephoto
Foto binnenwerk Klaas Koppe
Aquarel Herman-Finkers-fuchsia: Aat van Wijk
Eindtekstcorrectie: Remco van Rijn, Paul Kaptein
ISBN 978 90 6005 803 9

www.hermanfinkers.nl
www.finkers.nl
www.thomasrap.nl

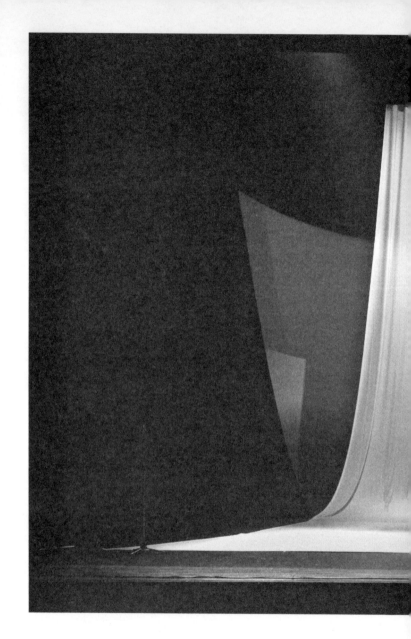

"De werkelijkheid verdwijnt,
de waarheid blijft."